名师名校名校长

凝聚名师共识
回应名师关怀
打造名师品牌
培育名师群体

顾明远题

匠心育人

赵文梅◎著

—— 一位校长的教育践行

谱华章

西安出版社

图书在版编目（CIP）数据

匠心育人谱华章：一位校长的教育践行 / 赵文梅著.

西安：西安出版社, 2024. 12.-- ISBN 978-7-5541

-7939-0

Ⅰ . G632.0

中国国家版本馆CIP数据核字第2024Z8C330号

匠心育人谱华章——一位校长的教育践行
JIANGXIN YUREN PU HUAZHANG YIWEI XIAOZHANG DE JIAOYU JIANXING

出版发行：	西安出版社
社　　址：	西安市曲江新区雁南五路 1868 号影视演艺大厦 11 层
电　　话：	（029）85264440
邮政编码：	710061
印　　刷：	北京政采印刷服务有限公司
开　　本：	710mm×1000mm　1 / 16
印　　张：	15
字　　数：	201千字
版　　次：	2024 年 12 月第 1 版
印　　次：	2025 年 2 月第 1 次印刷
书　　号：	ISBN 978-7-5541-7939-0
定　　价：	58.00 元

△本书如有缺页、误装等印刷质量问题，请与当地销售商联系调换。

序 言

　　1991年大学毕业后，我选择了教师职业，如愿实现了自己的梦想。故立志者，为学之心也；为学者，立志之事也。从此，我心怀淡泊，在那一方黑板前，挥洒辛勤的汗水，用一颗拳拳之心，抒写着一个园丁的耿耿情怀。

　　自参加工作起，我把勤奋和智慧融入三尺讲台，默默实现着自己的人生追求。行远，必先修其近；登高，必先修其低；心不可不虚，虚则义理来居。在教学工作中，我勤奋钻研教材，深挖课本内容，改进教学方法，努力把课堂还给学生，积极培养学生自主学习的习惯。坚信金自矿出，玉从石生。鼓励学生自编自演课本剧，自主讲课，寓教于乐。总是自己掏钱购买优秀书籍，也动员学生捐书建立图书角，课余时间，由班委组织学生阅读课外书籍，并认真做好读书笔记，积累写作素材，增强语文素养，逐步提高了学生的写作能力。

　　教育是一门科学，管理则是一门艺术。当了二十四年的班主任，我常告诫自己要用真情去做好生活中每一件小事，用耐心去处理班里每一个问题，用爱心去呵护每一颗幼小的心灵。我时常家访，有时电话联系家长，有时晚自习之后去家里与家长沟通。记得，一个冬天的晚上，刚下过雪，我去一个测试成绩接连几次下滑的学生家家访，不慎滑了一跤，腰部扭伤，当时疼得头上冒汗，但我仍忍着疼痛坚持把家访工作完成。面对学生，我明白"喊破嗓子，不如做出样子"的道理，总是发挥自己的人格感召力。激励学生努力学习，首先自己要有忘我的工作精神。早晨，我会提前半小时到校，在教室等着学生；下午放学，常常不回家，随便吃点东西，就到教室督促回班早的学生背书，等下了晚自习才回家吃饭，在潜移默化中影响学生的行为习惯。

严在当严处，爱在细微里。我常要求自己管理学生要像呵护娇艳绽放的花朵般格外小心。我是一名教师，更是一位母亲。我首先尊重、爱护学生，注重塑造学生的人格。在做学生的思想工作时围绕"你在为谁学习，你要做一个怎样的人，走上社会你想追求什么样的人生"为出发点，与学生促膝谈心，以启其智。其次，耐心说服家长积极支持孩子学习，教给家长教育孩子的方法。日常生活中，我尽力用健康、阳光、向上的人格魅力，感染、熏陶学生。有时我掏钱买名著、学习资料，作为奖品奖励喜欢读书的孩子，增强学生的自信心和学习积极性。生活中，学生鞋带开了，提醒他系好，别摔跤了；天冷了，提醒学生多穿衣服；天热了，提醒学生多喝水；头发长了，提醒学生理一理；节假日提醒学生出行注意安全；班里有学生生病时，我总能从最细微处悉心照料，这已经成了一种习惯。记得初二下学期，学生小兰（化名）得了急性胃炎，我急忙带她去医院检查，自己掏钱为她买药，以减轻家长的心理负担。这样的事情在我的教学中数不胜数。特别是校外租住生，我常亲自去他们的住处查看，看看有无安全隐患，看看住宿情况，这种嘘寒问暖会让学生增强对我的信任感和亲近感，也便于我掌握他们的真实情况。我还不定时地提醒学生家长，要多来住宿点看望孩子，陪陪孩子，给予他们学习上的动力。家长会、家访、电话、校讯通是我与家长沟通的纽带，每次测验成绩出来，每次学校调整上课时间，每次学校放假，我都会及时通知家长，以方便家长了解孩子的成绩以及孩子到校和放学的时间。学期末，我会认真、客观地写评语，让家长从字里行间了解孩子的进步或不足。我认为只有家校合一，才能构建和谐畅通的教育通道，达到理想的教育效果。

常言道：要给学生一杯水，自己要有一桶水。在当今科研兴教的新形势下，每个人必须坚持自我充电，登山耐侧路，踏雪耐危桥。我坚信绳锯木断，水滴石穿，苦乐相磨，练极而成，勘极而就，其知始真。我坚持阅读《教师报》《宁夏教育》等报刊，提高业务能力。同时，还积极参加区、市、县组织的各级各类培训活动及公开研讨课，不断提升教学技能。正是如此的苦学苦练，我逐渐成长成熟起来，被任命为语文教研组组长，成为学校的学科带头人，并成为区级骨干教师和固原市"六盘名师"培养对象，教育科研成果多次在区、市、县获奖，所带学生在全国语文能力竞赛中获一等奖，连续多年中考成绩在全县名列前茅。我的事迹曾被《中国妇女报》宣传报道。先后被评为区、市、县优秀班主任、先进工作者、"三八红旗手"等。还获得县级"最美教师"荣誉称号。曾多次出席西吉县党代会，也连续四次当选为市党代会代表，并作为优秀代表被市电视台采访和宣传。作为教师，我用良心和智慧塑造学生的灵魂，抒写着西吉教育事业的辉煌。

自任校长以来，新的挑战与机遇提出了新的希望和要求。我懂得"心底干净，方可读书学古治贤"。我始终将"君子之心事，天青日白；君子之才华，玉韫珠藏；正人先正己，欲得其正"贯穿在日常教学和学校管理中。勇于创新、敢于担当，积极投身校本教研教改、创新教学、攻坚克难，不断创造出骄人业绩。时刻保持自我强化责任意识和奉献精神，带头建立优质的校园育人风气，不断提升教育能力、完善教学体系、服务教学实践，创建良好教育教学氛围。尤其对留守儿童的关爱和教育是我校工作讨论交流和促进的关键点，也是取得教育攻坚战胜利的保证。教书育人更要突出塑造型的创新和高质量的突破。质量是教育的生命线，是衡量一个学校的风向标，是当地百姓的关注点，是教师工作的起点和落脚点。基于此重任，我只能硬着头皮求改进，当时我首先从关心每一位教师开始，从个人到家庭、从工作到生活进行沟通，认为只要常和教师主动交流肯定会形成凝聚力。我严格要求全体教师要积极回应社会关切、持续推动教育质量稳步提升、注重学生健康全面发展、积极推进教育升级、做群众满意的教师，加强教师队伍建设，切实担负起教书育人的神圣使命。每一位教师都要重视自己的使命和职责，着力形成工作合力，积极拓宽创新渠道，推动形成坚持教育优先发展、先创先行、先新先成的正确导向，努力营造发挥集体智慧的浓厚氛围。虽然很艰难，但取得了突破，也树立了航标。这也使我既松了一口气，又紧了一把弦，因为各种客观因素的限制，要继续发展和创新并不是只有热情和信心就能够做到的。

为助力全县如期实现脱贫攻坚，让初中学生能获得知识并顺利完成九年义务教育，我根据学校实际情况，结合西吉县教体局制定的"12357"控辍保学机制及"千名教师进万名学生家庭"大走访活动，多次组织全校教职员工进村入户，对疑似辍学学生进行走访劝返。大家跋山涉水，风雨无阻，有时为了一名学生能返校读书，我甚至十多次上门给家长做思想工作，直到将学生接回学校继续读书。学生"一个都不能少"，为此晚上9点多我还在村里走访，如遇到在校学生家在同村的，也要进家慰问学生、看望家长。在脱贫攻坚工作中，我的执着和付出也卓有成效，现在，学校在校人数由原来300多人增加到近600人，成为乡村初级中学中规模较大的学校。看到马莲中学日新月异的变化，当地老百姓也对我称赞不已。我深深地体悟到，这里的群众对一位校长的信任和评价要比上级颁发的荣誉证书更客观。驽马十驾，功在不舍，因"控辍保学"工作有成效，学校的成果被县教育局拍成专题片进行了宣传和报道。

耿耿园丁意，拳拳育人心。32年党龄、33年教龄的我，忆当年的人生理想时，回首作为人师一路走来的充实和幸福。作为教育管理者，我不忘初心，继续践行职业道德，做到爱岗敬业，带领全体教师上下一心，凝心聚力，攻坚克难，一如既往地用一丝不苟的教育情怀努力为西吉教育事业唱一曲铿锵昂扬的奉献之歌。

目 录

第一辑 潜心育人

第二辑 深耕细研

第三辑　笃学善思

第四辑　智言慧语

第一辑

一

潜心育人

从生活中来，到生活中去

——我的教育教学主张

"生活"当是顶重要的两个字眼。语文教学应从生活实践中来，到生活运用中去。

语文教学的本质应是学生带着自己独特的生活体验，由教师引领，借助教材，走进作者们的生活，并通过生活经验和语文知识理解作者们的生活感悟，最终通过习得的语文知识和生活认知，解决生活中语言运用层面的各种问题的一个复杂过程。

一、语文教材即不同人生活体验文学化的文本合集

语文教材即用于语文课堂教学的材料。这些材料的本质就是用汉语言文字呈现的作者们对于生活不同层面的自我理解，它们源于不同的作者，但它们都用来反映生活。朱自清的《春》是他对春天细心的观察描写；《济南的冬天》则是老舍对济南冬天独特的感受；《春望》是杜甫对于自己所处时代的国家的所见所思；《带上她的眼》是刘慈欣根据自己的生活体验而写就的科学的幻想；《紫藤萝瀑布》是宗璞看到了紫藤萝花想到了生命的顽强而创作的散文；《桃花源记》是陶渊明看到现实

生活中的战乱频繁民不聊生而想象出的理想社会……艺术源于生活，文学创作自然也源于生活，反映生活。因此语文教材本身就是原生态生活的文学创作的文本合集，语文教材本身就是生活的不同侧面。

二、语文教学应从生活中来

无论是新课标，还是统编教材，都指向以学生的生活为基础来创设具体生活情境，培养核心素养，因此语文教学应基于学生已有的生活体验，从具体学情出发，设计能唤起学生积极性的生活情境，让学生在解决生活问题的过程中深入思考探究。归根到底，语文教学应从学生的生活中来。

比如，我们要让学生通过"弯弯的月亮像小船"这句话学习比喻修辞的这个语文知识，首先得调出学生原有的生活体验，让他在脑海中呈现一轮弯弯的月亮和一条弯弯的小船，然后借助学生已有的思维能力，分析两者的相同点，继而引出"比喻"这个修辞的实质。这里，教学的源头是学生已有的生活经验。

再比如，七年级下册第五单元，我们要让学生学习托物言志，就要以学生原有的生活经验为切入口。他们学过《陋室铭》《爱莲说》，他们知道教师节可以送花表达对老师的感谢等等，这些都是学生直接或间接的生活经验，这些"旧知"，就是我们学习新文章新语文知识的突破口，是课堂教学的起源。课堂教学正是借助教材，起承前继后、温故知新的作用，让学生从已有的生活经验出发，学习新知，继而拓展迁移，为学生创设适合他们的"最近发展区"，调动学习的积极性，从而不断提升核心素养。因此，教学的起点是"旧知"，即学生原有的生活经验。当然，这里的生活经验，可以是直接的生活经历，亦可以是间接的生活体悟。

三、教师应有丰富的生活阅历

教师是连接作者生活与学生生活的关键桥梁，需要有足够的生活体验，丰富的生活阅历。这里的体验可以是直接的亦可以是间接的，可以是读万卷书亦可以是行万里路。要给学生一碗水，教师起码得有一桶水，这说的就是教师本身的积淀和生活阅历至关重要。要提升学生的文化自信、语言运用、思维能力、审美创造等核心素养，教师本身就应了解中华文化，认同中华文化，对中华文化的生命力有坚定的信心，就应能够较熟练地运用汉语言文字，就应能有较高的思维能力，就应有高雅的情趣，具备健康的审美意识和正确的审美观念。

综上，新课标对教师也提出了更高的要求。课改的关键就在教师。那么教师素养的提升也应源于生活本身，教师要与学生共成长，不断丰富自己的生活阅历，提高自身的综合素养。比如，要教学生学习《回延安》，这是民俗主题单元的一首陕北民歌信天游。教师就要自己先通过直接或间接的方式明白信天游的基本形式，要明白学生现有的学习基础，要搜集信天游的丰富知识，帮助学生搭建学习平台，并有针对性地进行教学。比如要教《一棵小桃树》，教师要真正了解作者贾平凹与小桃树的内在关联，要了解作者背景，要明确本文如何托物言志，更要知道学生的现有学习水平，以及要达到的学习水平，并能够巧妙地设计学习的任务，继而用恰当的活动设置让学生真正学有所得，学以致用。

总之，教师要先读懂教材，读懂别人的生活，并过好自己的生活，才可能教会学生生活，提升学生的核心素养。

四、语文教学应到生活中去

新课标对义务教育阶段语文课程的建议中指出：教师要创设真实而富有意义的生活情境，凸显语文学习的实践性。语文学习情境源于生活中语言文字运用的真实需求，服务于解决现实生活的真实问题。教师应利用无处不有、无处不在的语文学习资源和实践机会，引导学生关注家庭生活、校园生活、社会生活等相关经验，增强在各种场合学语文、用语文的意识，引导学生在多样的日常生活场景和社会实践活动中学习语言文字运用。

很显然，语文教学的最终目的在于让学生能够运用语言文字，解决现实生活的真实问题。因此，语文教学最终的评价应是学生运用语文知识解决生活问题的思维与能力，语文教学必须回归生活本身。

教育教学主张的实施策略有：

（1）从学生实际出发，从"温故"入手，调动学生原有的生活体验，去抵达"新知"的彼岸。

（2）以知识运用为目标，创设生活情境，让学生在情境中、活动中、操作中、体验中、应用中学习，激发学生学习兴趣。

（3）用单元教学思维，整合学习材料，分层设置学习任务，遵循学生内在发展规律，把问题交给学生，让学生真正"动"起来。

（4）作业设计应生活化、多样化、精准化、开放化、有深度，体现实践性与综合性。

总之，语文教材是学习的载体，承载的是多样的生活；语文课堂是学习的中介，搭建的是生活与生活的桥梁。语文教学，就是教学生从别人的生活，走向自己的生活，成为一个内心丰富、精神富足、懂生活、会生活的完整又独特的个体。

教育人生竞风流

——浅谈名师是怎样历练而成的

在教育战线上，不知不觉走过了近三十个春秋。蓦然回首，愈觉得自己在工作方面不敢懈怠。众所周知，教师的成长和教育事业的发展是齐头并进的一个过程，它们具有同一性和统一性。尽心尽力地经历了每个教育过程之后，无论结果是否达到，但实际上这个结果就是无形而珍贵的——这个结果就叫成长、发展和进步。很大程度上讲，教育的结果还没出现，但过程已经存在。因此，对教师而言"人生即教育，教育即人生"。而一名普通教师成长为一名名师，也就是在这样一个周而复始螺旋上升的过程中得以历练。正所谓"教然后知困，知困然后能自强也"。

为此，笔者就如何成为一名优秀教师浅谈以下拙见。

一、何谓"名师"

"春风育桃李，人生竞风流"，是对每一位有梦想的教师的真切写照。但凡有梦想的教师，都希望自己能成长为一名优秀教师——名师。

那么，什么样的教师谓名师呢？

　　顾名思义，名师就是著名的教师，是师德的表率、育人的模范，是学生最喜爱、家长最放心、同行最佩服、社会最敬重的教师；是在一定地域内享有较高的知名度，具备较强的人格魅力、学识魅力和卓有成效的工作效率及创新精神的优秀教师；是具有奋斗精神以及较高的师德修养的教育教学的专家。他们在学校里有较强的凝聚力，在教育教学实践中起着示范、激励、凝聚和辐射等重要的作用，引领着教改新潮流。

二、名师应具备的职业操守

　　百年大计，教育为本，教育大计，教师为本。教师的素养高低直接影响教育质量的优劣和民族的荣辱兴衰。在工作岗位上，教师如何让自己成为一名优秀的教师呢？与普通教师相比之下方可见真章：

　　第一，名师要有强烈的社会责任感和职业使命感。教学中，认真钻研大纲，精心备教材、备导案、备教法、备学法、备学生。课堂上，善用智慧教育学生，用良好的言行引领学生，用高超的技能驾驭课堂，上好每一节课。而普通教师，上课随意性较强，效果一般。面对课堂偶发事件，则感到棘手，处理中有时还可能会引发师生矛盾。

　　第二，名师知识渊博，教学技能扎实、系统。名师专业功底深厚。如果给学生一碗水，而名师则要有一桶水，甚至一河的活水。在教育教学中，旁征博引，深得学生的喜爱和敬仰。而普通教师大部分则学识浅陋，不被学生敬重。

　　第三，名师在教学中有思想、讲方法。注重学生学习方法的指导和学习习惯、综合能力的指导和培养。而普通教师则只注重静态知识的传授和讲解。

　　第四，名师谦虚努力，善于向书本学习，向有经验的老教师学习。

在网络上学习先进的教学方法，在生活中学习实践经验，更可贵的是向学生学习，有活到老学到老的精神。而普通教师则经常漠视学习，常找理由为自己不学习推脱。

第五，名师善于与时俱进，善于挑战自我，善于接受新生事物，善于创新。而普通教师则墨守成规，循规蹈矩，满足现状。

第六，名师善于在反思中提升自我。如反思教学设计的利与弊、反思学习进程中的得与失、反思教学生成资源的取与舍等等，不断在"实践—反思—总结"的过程中提升自我。而普通教师则因不愿思考而搁浅自己的教学，遏制了自己专业技能的发展。

第七，名师视自己的职业为终身奉献的事业。常静下心来教书，潜下心来育人，视努力工作为实现自己人生价值的途径，因而主动工作。并善于积累教学经验和体会，写成教研论文或书籍发表，能与同仁分享成果。而普通教师则把职业当作谋生的手段，守不住清贫，抵不住诱惑，只是被动地工作。

三、名师成长过程是历练、培养和自我发展的历程

上海著名特级教师顾泠沅说："真正的名师是在学校里、课堂里摔打出来的。是经过岗位历练、培养和自我发展的结果。"一名普通教师要成长为名师，既有自己"面壁十年图破壁"的不懈奋斗，也有自己"教育人生竞风流"的成功惬意。因此，我们解读名师成长的人生轨迹，探讨名师成长的人生历程，对立志要成为名师的普通教师而言很有意义。那么，普通教师如何历练成长为名师呢？

（一）要明确自己的职责

无论他（她）毕业于哪所大学，当具备了教师资格，并满怀理想走上三尺讲台时，其首要任务就是要明确做教师的职责。化学家门捷列

夫也说过："教育是人类最崇高、最神圣的事业，上帝也要低下至尊的头，向她致敬！"可以说，无论一个人的地位有多高、贡献有多大，都离不开老师的教育和启迪，都凝结了老师的心血和汗水，在老师面前永远是学生。国家各项事业的发展需要大批的人才，同样也离不开教育和老师的培养。《国家中长期教育改革和发展规划纲要（2010—2020年）》指出：教师应以学生为主体，以教师为主导，充分发挥学生的主动性，把促进学生成长成才作为学校一切工作的出发点和落脚点；关心每个学生，促进每个学生主动地、生动活泼地发展；尊重教育规律和学生身心发展规律，为每个学生提供适合的教育，培养造就数以亿计的高素质劳动者、数以千万计的专门人才和一大批拔尖创新人才。

只有明确了教师的职责，有了社会责任感和职业使命感，才能正确选择拼搏的起点。

（二）要树立远大的职业理想

当今社会，作为教师没有令人羡慕的权利、财富和地位，有的只是春蚕的精神和泥土的风格，一支粉笔，两袖清风，三尺讲台，四季耕耘。因此，教师要甘于面对真实而平淡的教学生活，要时常保持一种积极向上的心态。从登上讲台的那一刻起，就要为自身的发展规划一个正确的方向，并树立远大的职业理想，使自己一步一步成长起来。须经"合格教师—成功教师—骨干教师—名师"这样一条道路。也就是说，一名教师的成长，要经历几个阶段数十年的风雨洗礼，在意志磨炼中逐渐成长起来，而且几十年如一日献身于教育事业。如魏书生老师、高金英老师等，正是他们立志做一名优秀教师，经历了数十年的捶打、磨砺，"捧着一颗心来，不带半根草去"，在自己持之以恒的努力下，终于成长为众口称赞的名师，为年轻一代做出了榜样。

可以说，树立了远大的职业理想，就有了成长的动力、方向和目标。

（三）要具备崇高的师德风范

《国家中长期教育改革和发展规划纲要（2010—2020年）》指出：加强教师职业理想和职业道德教育，增强广大教师教书育人的责任感和使命感。教师要关爱学生，严谨笃学，淡泊名利，自尊自律，以人格魅力和学识魅力教育感染学生，做学生健康成长的指导者和引路人。

解读《纲要》内容，教师要以崇高的师德为准则，做学生健康成长的引领者，并以此促进自身的成长和发展。

1. 要拥有"仰望星空"的人格魅力

教师应树立远大的教育理想和大教育观，要明确自己的努力方向。在教育教学实践中，要用实绩征服家长，用魅力赢得学生，用人格获得尊重。比如，教学实践中，教会学生如何学习，变"学会"为"会学"，变"要我学"为"我要学"，变"苦学"为"乐学"等。要做智慧教师，能把握教育的热点，用心备课，用新的理念去驾驭课堂，设计教法，比如，多用启发式教学，将课堂还给学生，引导培养学生的创新思维，做到"学思"结合和"知行"统一，让自己的课堂实现高效，迸发出火花，达到让学生"学会生活、学会思考、学会做事、学会做人"的目的，令学生满意，让家长放心。并在课后不断反思打磨自己，将个人的教育智慧，形成有形的教育教学成果，展示教师的个性魅力，为把自己打造成名师进一步奠定基础。

2. 要常施一颗炽热的关爱之心

教师应是一部爱的经典，"没有爱就没有教育"。教师为人师表，就是要以爱动其心，以言导其行，要用激情点燃激情，用爱心唤醒爱心，这就是师德之爱。学生心中的"真、善、美、假、丑、恶"是非观的形成都来自教师潜移默化的影响。

现代教育理念认为：教师必须与学生建立民主、平等、和谐的师生关系，要甘于、敢于、善于弯下腰与学生交谈，这样，才能真正成为学生的良师益友，才能随时随地把握学生思想动态，才能及时调整教育教学策略，才能达到学生"亲其师、信其道"的目的。教师还要理解学生，特别是当学生犯了错误时，面对学生大发雷霆并不是良策，有时还会给学生脆弱的心灵带来创伤。假如这时教师以一颗宽容之心对待学生，也许会有意想不到的收获。比如，曾经一个已毕业的学生对我说："老师，您还记得有一次默写我抄书被您发现了吗？我那时是怕得要命。可您只是盯着我看了一眼，并没有当场揭穿……这让我很惭愧。那一眼的滋味真说不出来。不过，真奇怪，从那时我就爱上了语文，这一部分默写我至今都记得，不信我背给您听。"听了她的话，我既汗颜又觉得幸运，要是当初我怒发冲冠，结果可能又是另一回事了。爱心是一名教师教好学生的前提，是开启学生心智的一把钥匙。教师要能换位思考，能设身处地为学生解决实际生活中的困难，给他们施展才华的空间，才能赢得学生的信任和尊重。"爱人者，人恒爱之"，"爱"是教师为人师表的核心，更是教师成长为优秀教师乃至名师必备的师德风范。

（四）要树立终身学习的理念

"读万卷书，行万里路""活到老学到老"等，都是终身学习的理念。教师是培养祖国栋梁之材的灵魂工程师，如果要成就自我，就要把终身学习看成贯穿自己生命的一条主线而不是一部分。

1. 培养自己学习的良好习惯

孔子曰："学而不厌，诲人不倦"。因此，学习必须成为教师不懈的追求。读经典作品，读教育大家的作品，给自己"充电"，提升教学水平，增强业务能力。"问渠那得清如许，为有源头活水来"。在教育改革的浪潮中，作为一名教师，必须不断从思想上、知识上、文化上充实自己，多读书、读好书，做博学、智慧的老师，要把最新的教学理念，最先进的教学方法，最前沿的教学模式和最有价值的知识传授给学生，使自己成为学生成长的引领者，内心潜能的唤醒者，学生知识品性的促进者，这样才能在教育教学实践中做幸福的老师。比如，我们经常读《班主任之友》《二十四字模式》《高效课堂》等书籍，并撰写读书笔记，为平时的教育教学积累了宝贵的、先进的经验和方法。

2. 树立名师引领自身成长的意识

作为教师，为了自身的成长发展，不仅要坚持多读书，读有助于提升专业发展能力的书籍，更要向身边有经验的骨干教师、名师看齐，虚心向他们请教，让名师引领自身成长。而作为知识渊博，教学经验丰富的名师，也要积极起到引领、示范作用，推动青年教师迅速成长。那么，名师如何充分发挥引领、示范和辐射作用呢？即：

（1）开展名师公开课或示范课活动

名师的课堂教学常常是他们教学理念的体现、教学经验的凝结和教学智慧的展示。他们的课堂能给广大教师以思考和启迪，有助于提高教师自身的业务素质和教学能力。比如，上学期，我校就安排了数学组名师曹建斌和英语组名师张芳明的示范课，课后主讲教师与听课教师进行了交流座谈，主讲教师从自己的教学设计、教学目标、教学方法及教后感受等方面进行了陈述，其他教师从不同方面进行评议，提出了自己的看法。这样的示范课，为校内其他教师教学提供了学习借鉴的机会，对他们的成长起到了极大的促进作用。

（2）开展名师"传帮带"活动

名师是学校教育教学的宝贵资源，是推动学校发展的中坚力量。为了使其他教师在工作中能独当一面，可以采取名师和其他教师结对帮扶的方法。名师做师父，普通教师作为徒弟，要在"备课、讲课、批改作业、辅导、考试"等方面，虚心向师父请教，师父要随时给予指导，且要不定期听徒弟的课，帮助他们不断改进教学方法。这种做法，能较快地提高各位教师的整体实力，可以缩短普通教师成长为骨干教师的周期。这几年我就带了一些徒弟，我们一起努力，有的徒弟已成为我校教师中的精英。

（3）举办名师经验汇报会或专题报告会

名师的教学经验、成长故事、教研成果甚至一点点教学心得，都是很有价值的教育资源，可以通过汇报会或专题报告的形式展示出来，使广大教师能开阔眼界，增长智慧，使名师真正起到镜子的作用，促进各位教师主动向教育教学的高层次发展。近几年来，作为市级名师培养对象，我们的不断成长就与听专题报告会和参加学习培训密不可分。

（4）成立名师工作室

"名师工作室"是由名师负责，以成为名师为奋斗目标，以个人的专业发展为方向，实现"名师引领、团队合作、全员提升、资源共享"的创新型教师团队，是学校教育资源的聚集地和骨干教师交流的平台、成长的摇篮。其示范、引领和辐射作用非常强，可以影响一批教师，带动一个教师群体逐渐成长为本地区课程改革的骨干教师，乃至成长为名师。

（5）开设名师网站

当前在以信息技术为背景的现代教育环境中，名师必须适应新环境，恰当地运用信息技术给广大教师的成长提供有利条件。设立网络名师工作室或名师网站，在网络平台下，让广大教师利用局域网络，随时走进名师工作室或进入名师网站，与名师对话，学习名师先进教学经验，向名师请教不懂的问题，为更多的普通教师答疑解惑，还可以把独到的见解和学识与其他教师分享和共享，达到共同进步的目的。因此，建立基础网络平台上的名师网站或者名师工作室，能快速成就一批热爱教育事业的教师进入名师行列。

总之，如果广大教师树立了虚心向名师学习的强烈意识，而名师又积极发挥了引领、示范和辐射作用，那么，教师逐步成为骨干教师再成长为名师，绝不是纸上谈兵，而是必然趋势。

（五）要坚持锤炼并提升自身专业发展的能力

教育大计，教师为本。教师的专业水平有了发展，才能有学生学业水平的发展，才能使学校持续、健康发展。为了提升教师整体的专业发展水平，学校应积极搭建平台，营造教师成长氛围，不断探索，走适合于本校的教师专业成长之路。即：

1. 要有一位好校长

常言道："一个好校长就是一所好学校。"校长是学校管理层的核心人物，是教师中的领头雁，是学校各项制度、策略实施的决策者。一个好校长不仅是一个事业心强、善于调动全体教职员工作积极性和创造性的教育管理的行家，也是一个业务精湛的教育专家。因此，校长要积极创造条件，想方设法通过开展形式多样的活动，为教师的专业成长搭建平台。比如，"走出去""请进来"的听讲座、听报告的方式，开阔教师视野，丰富教师素养。再如，通过公开课、演讲、才艺展演等活动，给教师们提供学习、锻炼的机会，使越来越多的教师转变角色，成为学习型、反思型、研究型、创新型的教师，最后走上名师之路。

2. 要有完善合理的制度

学校要创造机会，以制度引领构建学习平台。成立教科研室，要求教师"工作课题化""课题人人化"，让教师要站在教育科研的最前沿，树立"把课堂上的问题当小课题"的意识，鼓励教师在研究中增长智慧和才能，并在教育反思中，提升自己的专业发展能力。创建校园网络，以网络优势，实现教师间的交流学习和资源共享，共同成长。

3. 有浓郁的文化氛围

学校要加强校园文化建设，开展教师课外读书活动，读教育专著，撰写专业知识方面的读书笔记，并撰写论文发表，丰富教师文化底蕴，为教师专业发展铺平道路。学校要营造有利于教师积极向上发展的良好氛围，加强教师专业提升文化建设，引导教师树立远大的职业理想，并成就自我。

名师魏书生曾经这样说过："多改变自己，少埋怨环境；埋怨环境不好，常常是我们自己不好；埋怨别人太狭隘，常常是我们自己不豁达；埋怨天气太恶劣，常常是我们自己抵抗力太弱；埋怨学生太难教，常常是我们自己方法太少。"其实，好的环境和差的环境都能培养出名师。我们要走自主成长之路，毕竟，一切支持和帮助都代替不了教师自身的努力。因此，我坚信，如果每一位教师能把教育当作自己一生为之奋斗的事业而不只是谋生的手段，把对教育的执着奉献当作实现自身价值的途径，把对教育的坚持当作对民族和国家的责任，在这样一个过程中，终有一天，他（她）必将在不知不觉中就成为一个名师！

参考文献

冯为民.在坚守中成长［M］.长春：长春出版社，2011.

全过程落实创新理念，全方位助力
质量提升

　　西吉县第五中学创建于1998年，占地面积70多亩。目前，在校学生2573人，51个教学班，教职工188人，六盘名师3名、西吉名师6名、县级及以上骨干教师90人。教学设施先进，校园环境优雅，文化气息浓厚，教育质量显著，办学特色鲜明，成功打造了优质教育品牌，赢得了社会各界的赞誉。

　　近年来，学校坚持以人为本，全面贯彻党的教育方针，积极推进素质教育，在遵循上级和主管部门基本工作思路的前提下，紧紧围绕"5+1"基础教育质量提升行动，锚定"课堂、常规、中考、特色"四大工作方向，坚持"立德树人"，强化"五育并举"和"三全育人"，切实发挥课堂主阵地作用，严格落实"五项管理"和"双减"工作，推动我校教育教学质量稳步提升。先后荣获了固原市"教育教学质量先进集体"，自治区"教育科研先进学校""文明单位"，自治区教育系统"党建示范点""五星级服务型党组织"等10多个荣誉称号。

一、创新学习——在理念上求转变

自实行课改以来，我校着眼于学生的全面发展，转变唯升学率评价老师、唯分数评价学生的观念，鼓励教师在日常教育教学中大胆尝试创新素养教育，鼓励学生个性化发展和多样化发展。从课堂实际问题出发，领导班子成员积极参加创新素养教育探索，学科名师和骨干教师带头上创新素养教育示范课，组织学生开展小组合作的设计性实验，培养学生的创新思维；鼓励教师创设探究性的实验情境，培训学生的创新能力；对课堂演示实验进行改进或补充，培养学生的创新意识；鼓励学生观察生活，利用身边的物品开展家庭小实验，培养学生的创新能力；同时组织师生参加形式多样的"互联网+创新素养教育"大赛，通过以赛促学、以讲促练、以赛促教，在潜移默化中提升师生的创新素养。

二、创新管理——在精细上下功夫

学校管理坚持党建引领，根据学校发展实际，先后成立思想政治党支部、教学科研党支部、平安校园党支部和文体活动党支部。把"党员示范班"的创建作为常态工作。学校把精细化的管理理念落实到学校管理的每一个环节，运用"网格化"的管理体系优化学校管理。实行"校长严管班子成员，主管校长做好分管工作，年级主任抓实年级，教研组长抓好学科教研，学科教师定期走访学生"的五级管理模式。结合线上线下实际情况，充分利用"班级微信圈"和"千名教师进万名学生家庭"大走访等"线上+线下"的活动形式，夯实家校共育，打通了家校合作的"最后一公里"。学校管理在"精"字上提要求，在"细"字上下功夫，在"严"字上促落实，在"实"字上做文章。

三、创新教学——在常规上找突破

我校狠抓教学常规管理，坚持课堂教学主阵地，积极探索"核心素养"背景下的课堂教学模式，在常规课中推行"2411"课堂教学模式，即以教学设计等教学资源和小组合作为抓手；落实四个课堂教学基本流程（预习交流、出示目标、学展点评、达标检测）；凸显"学展点评"环节的主体地位，始终关注整个课堂教学的激励性评价。复习课中鼓励教师大胆探索适合校情、班情的五环节的"试卷讲评课"和四流程的"专题复习课"的课堂教学模式，取得较好的教学效果。定期开展"学科素养提升竞赛"和"优秀作业展评"活动，积极探索"五项管理"和"双减"背景下的作业管理模式，将作业设计与作业管理作为着力点，提出了"研、示、查、展"的作业管理模式。扎实开展学科教学与信息技术深度融合培训，将创新素养教育渗透到教育教学的全过程。

四、创新活动——在特色上谋发展

近年来，我校坚持文化课教学与艺体、科技创新教学并举，强化"五育并举"理念，根据学校师资和现有条件，先后组织成立了科技、阅读、男女篮球、男女足球、禅绕画、跆拳道等23个校本课程平台，着眼落实活动育人目标，引导学生树立正确的价值观，以学科课堂和符合时代发展要求的主题活动为载体，积极开展《弟子规》《三字经》《毛泽东诗词》等优秀传统文化经典诵读比赛，定期举办"音乐、语言类表演、美术、书法"等学生才艺大赛、电脑绘画、社会实践活动、"远足行"、"水火箭"、国旗下双语演讲等形式多样的活动，为全体学生搭建展示特长的平台，激发了学生的学习兴趣，锻炼了学生动手动脑能力，促进了学生全面而有个性的发展，全面提升了学生的创新素养，让

"五育"目标真正落地、落细、落实。

五、创新评价——在多元上想办法

在学生成长评价中，结合不同的年龄特点和学生实际，注重学生行为习惯的养成，寓创新素养教育于整个评价活动之中，形成课内课外相互衔接、相互补充、相互促进的全方位创新素养培养评价体系。评价目标从"单一"转向"多元"，比如从以往单一的知识方面的评价转向对学生运用新知识的能力、创新精神、学习习惯是否有进步的评价；评价内容从"重教"转向"重学"，比如从以往对教师的教态、语言、板书评价转向对学生的动脑、动口、动手，自学的效果的评价；评价重点从形式转向效果，即课堂是否有利于真正全面提高学生素质，有利于开发学生的创造力和想象力。在日常教师课堂教学中，我们运用"六看"评价标准，规范教师教学行为。（即第一看思政教育和核心素养在课堂中的落实情况，第二看组内教师、不同学科组之间的合作、协作，第三看信息技术与学科教学之间是否做到深度融合，第四看课堂的教学过程是否完整，第五看师生双边活动是否真实有效，第六看"2411"教学模式的运用是否到位。）在"互联网+教育"方面，我校坚持培训与应用相结合的原则，鼓励教师积极应用信息化手段和优质数字资源辅助课堂教学，将教师信息化的应用纳入考核，学校率先引入"好分数"阅卷系统，为学校评价教师，教师评价学生提供了精准、优质的服务。

潮平岸阔风正劲，扬帆起航正逢时。站在加快推进教育现代化、建设教育强国新的起点上，我校将认真贯彻落实全国、全区、全市和全县教育大会和教育工作会议精神，在做实教育教学上下足气力，持续加强"五项管理"，着力推进"双减"工作落地落实，持续高质量推进课后服务，全面落实"五育并举"，奋力谱写我校教育高质量发展新篇章。

浅谈信息技术在中学语文教学中的应用

　　当时光隧道进入21世纪之际，知识传递与信息技术成为同胞兄弟，产生了不可分割的手足之情。以计算机和网络为核心的信息技术迅速发展，在社会各个领域得到了广泛应用，特别在教育教学中，计算机技术为各学科教学提供了强大的动力，使传统教育走向现代化创新教育，从单一的教育手段走向教育信息化，并与国际化教育接轨，使教师由传承知识的"讲师"走向"导师"。在新的教育教学改革中，现代信息技术的引入已成为其中一场不可更改的变革。以语文学科为例，我认为以计算机为核心的信息技术如果能与语文学科教学有机结合，互相渗透，互相作用，充分发挥信息技术的作用，将会大大改变语文课堂传统的教学模式、教学方法等，使课堂焕发出活力，同时也能培养学生的创新精神和实践能力，极大地调动学生学习语文的积极性。而且，也可以使教师的业务能力得到令人满意的提高。

　　当前教育教学改革中值得关注和探讨的一个问题是：如何把信息技术应用到语文学科教学中去呢？我就从自己在实践工作中的一些做法来谈谈。

一、转变观念，有效发挥计算机技术的优势

当前社会，计算机网络已成为人们日常生活中不可缺少的一部分。计算机技术在教育教学中的全面应用已变成现实，给教育教学改革带来了令人欣喜的变化。目前，信息技术对语文教学而言，已有很大的影响。

《基础教育改革纲要》指出要加快推进中小学信息技术教育，首先要转变观念：一是将信息技术由以前作为学习的对象转变为学习的工具。让学生借助网络，或搜集资料，或进行预习，或完成作业等。要把信息技术作为一个学习载体，和日常的教育教学密切结合起来，真正把信息技术运用到学习之中。二是将信息技术由教学辅助手段转变为学习的方式。在教学方面，教师可借助白板的功能，也可使用ppt课件，有效地组织教学资源，使学生随时可以利用网络环境进行学习，实现文字、图片、音频、视频等多种媒体功能展示的优势。在学习中，学生不仅可以共享丰富的网络资源，而且能通过QQ、微信、电子邮件或视频、音频等进行网上交流，彼此协作，收获学习成果。以此来激发学生的求知欲，发展学生的思维能力。

二、自主探索，将计算机技术融入语文教学设计中

语文学科同其他学科相比较而言，在利用多媒体教学方面，更为生动有趣。语文教师在备课过程中，可根据教学的需要发挥创造性，将信息技术融入一篇文章的教学设计中，使所教知识通过大屏幕直观再现出来，其中，采用音频、录像和音乐等丰富多彩的媒体手段，能够大大加深学生对所学知识的印象，拓宽学生的视野，调动学生的视觉、听觉、触觉等感官，来激发学生学习语文的兴趣，多角度培养学生想象、观

察、分析等综合能力。从教学实践看效果，多媒体技术对中学语文教学质量的提高有很大促进作用。例如：学习《苏州园林》一文，学生对苏州园林美景的建造形式，脑海中没有轮廓，教师在教学中穿插播放一些图片，再现园林本色，使学生仿佛置身于苏州园林之中，自然对课文中描写的情景感受得更加深刻，能收到更好的效果。另外，多媒体技术教学也是培养学生创造性思维的最佳手段。如：学习马致远的《天净沙秋思》一词（元曲）时，教师首先播放音乐渲染气氛，在音乐中让学生闭上眼睛尽情想象词中用九个词语所描绘的画面，并请学生将脑海中的画面口头描述出来，孩子们争先恐后举手。实践证明，在音乐中激发学生的思维创造力，让学生的想象有了很大的空间，同时视觉、听觉等多种感官都得到了训练，更强化了学生的记忆效果。再如，古诗《望庐山瀑布》中的诗句"日照香炉生紫烟"中，"生"字用得十分巧妙，若仅凭教师口头讲解，学生理解起来还是比较抽象的，如果教师恰当运用多媒体来展示重峦叠嶂，草木苍翠，在阳光照耀下，不断从山谷中升起的紫烟笼罩着山峰，香炉峰始终处于云雾缭绕之中，给人一种动态美，学生就能理解用字的巧妙，调动学生学习的兴趣。

三、互动教学，将计算机技术融入语文教学方法中

根据新课改发展的要求，语文教师在网络环境下进行教学，能将计算机技术融入语文教学方法之中，有效改变了教师传统的授课方式。教师为学生搭建互动式学习平台，创设民主、和谐、宽松、愉悦的学习氛围，并引导学生在课堂上合作交流展示，顺利而有效地完成教学目标。这就要求教师在实施教学的过程中，努力做到：

（一）积极鼓励学生自主、合作、探究式学习

我国著名科学家钱学森说过："未来教育=人脑+电脑+网络"。未

来社会呼唤既有独立个性又有合作精神的人。所以，课余时间，在网络环境下，教师要注重培养学生自主合作学习的良好习惯，在平时学习过程中，应要求学生利用网络进行资源共享，互发信息，交流学习经验，或讨论课文中出现的问题，或网上阅读课外优秀作品，名家读本，相互交流感受等，通过交流、探究，产生思维火花的碰撞和情感的共鸣。课堂上，在教学自读课文时，如童话《巨人和孩子》、人物通讯《少年爱因斯坦》、说明文《洲际导弹自述》等课文，教师可鼓励学生自选对象组成小组，自由选择课文，小组成员群策群力，集思广益，可将所要讲的课文内容制作成幻灯片，利用多媒体手段交流、展示，相互补充，增强了学生自主学习的能力，培养了学生合作凝聚的精神，使学生真正成为学习的主人。

（二）积极培养学生的创新思维和想象能力

教学实践中，教师应注重培养学生的想象能力。因为想象是链接已知知识和未知知识的链条。法国思想家狄德罗说："精神的浩瀚，想象的活跃，心灵的勤奋——就是天才。"在想象过程中孕育着新的思想的产生，从而激发学生的创造力。因此，作为语文教师，应该采用科学有效的方法，为学生提供表现创新的机会，发掘每一个学生的创新潜能。如，《孔乙己》一文的结尾："自此以后，又长久没有看见孔乙己。到了年关，掌柜取下粉板说，'孔乙己还欠十九个钱呢！'到第二年的端午，又说'孔乙己还欠十九个钱呢！'到中秋可是没有说，再到年关也没有看见他。我到现在终于没有见——大约孔乙己的确死了。"我以文本为基础，运用多媒体手段，多角度引导学生去思考：①孔乙己真的死了吗？②孔乙己回来了等，让学生续写一个结尾。再如，在教学《十五从军征》一诗时，我也发挥了多媒体的优势，创设情境，播放图片，鼓励学生超越文本，将这首古诗改写成一个有趣的故事。这样，学生既学习了知识，又锤炼了思维，创新潜能得到了开发利用，有效培养了学生的创新思维和想象能力。

（三）积极利用校园网络，鼓励学生全员参与，创设开放的学习环境

当今社会，校园网络已普遍推广。现在绝大多数学校在教室已安装了电子白板。在网络环境下的教育教学，已成为教师课堂教学的得力助手。教师利用多媒体创设情境，营造学习氛围，学生的多种感官被调动起来，真实地体会课文中的情感，其学习效率就会大大提高。教师可跨越时空的限制，利用校园网络传播媒介多向传递交流，使得网络环境下的学习过程具有开放性和交流性。如，教师利用校园网或教师的个人主页，延续课堂教学的内容，如对古诗词名句的赏析，像"采菊东篱下，悠然见南山""大漠沙如雪，燕山月似钩""人生自古谁无死，留取丹心照汗青"等。对同名现代诗的比较学习，像席慕蓉的《乡愁》和余光中的《乡愁》两首诗的比较学习；对体现相似写法、主旨的现代文的研究，像《毛泽东的少年时代》和《立大志苦修身》两篇文章的比较学习，教师可要求学生全员参与，围绕选题，或个人，或找伙伴组成学习小组，通过网络资源，动手查找与问题有关的资料，并在老师指导下，整理自己搜集的结果，或在课上展示交流，或与同学探讨交流，或写成小作文投稿发表，让学生感受成功的喜悦，培养主动学习的良好习惯。学生在交流研讨中，不仅能听取他人的观点，学习他人的研究成果，而且也对自己搜集研究成果的过程产生一种乐趣。所以，在校园网络环境下创设开放的教学环境，学生既能独立学习，更重要的是能全员参与，合作探究，灵活性强，很好地调动了学生学习的乐趣，拓宽了学生的视野，培养了自我动手、动脑的好习惯，帮助教师和学习者之间达到共同的学习目标，给予学生自由的学习空间。

综上所述，在网络环境下，信息技术与语文教学的融合，为教师、学生、语文这门学科开辟了更广阔的空间。只要语文教师们能够开动脑筋，去精心选择符合学生心理和认知特点的多媒体教学手段，选择适当的教学内容，恰当的教学时机，我们的语文课堂一定能焕发蓬勃生机，45分钟的课堂教学一定能求得最佳"教"的效益，学生也一定能发挥潜能，求得最佳"学"的效果。因此我们要深入实际，不断创新，不断探索，让现代化网络环境下的教育教学光彩熠熠。

参考文献

［1］朱国伟.浅谈多媒体技术在初中语文课堂教学中的应用［J］.神州旬刊，2013（6）：129.

［2］刘艳华.浅谈初中语文教学中多媒体的应用［J］.现代农村科技，2012（8）：68.

统编版初中语文自读课文助读系统研究

统编版语文教材是教师实施语文教学的依据。自读课的助读系统是教师引导学生阅读文本的依据。统编版语文教材突破传统教材自读课和熟读课助读系统模式基本无差异的限制，精心设置"旁批"和"阅读提示"，旨在使学生们有"依据"地进行自主阅读，日积月累地形成良好的阅读习惯和提高阅读能力。当前，不少初中语文教师认识到自读课助读系统的编排特点和应用价值，但是在开展教学活动的时候，往往不加辨析地直接"拿来"应用，因忽视助读系统自身不足，导致难以实现其应有价值。了解自读课助读系统不足，改进不足，是教师有效应用助读系统实施阅读教学的关键。我在研读统编版语文教材的过程中，着重分析了自读课的助读系统。下面，我将从"旁批"和"阅读提示"入手，具体介绍自读课助读系统的不足，有针对性地提出改进建议，以供其他语文教师参考。

一、旁批的不足与改进建议

旁批是统编版语文教材的重要组成部分，是自读课助读系统的设计亮点，有诸多的可圈可点之处，如便于学生边读边思考，形成良好阅读习惯。但是，助读系统中的旁批设计本身存在一些不足，是需要加以改进的。

（一）目标设计较为功利

阅读目标是学生自读课文的指导。一般情况下，教材中提出怎样的阅读目标，学生往往就会沿着相应的路径进行阅读。纵观统编版语文教材自读课的助读系统的旁批，大都出现了"好词好句""关键词句"这些词汇，由此可见，教材编者中心意识较强，将点评"好词好句"和"关键词句"作为阅读重点，很容易使学生从"细节"入手阅读文本，夯实文本系统。系统阅读文本，是学生们建构整体认知的关键，而较为功利的旁批设计目标则很难获得良好的助读效果。

以《最苦与最乐》为例，教材中设置了如此旁批：

以设问开头，引出"最苦的事"，使人思考。

从具体的生活情境开始论述，有什么作用？

紧承上文，引出"责任完了"是人生第一乐事。

尽责方能得苦中真乐，照应题目。

对于责任，"解除"或"卸却"，结果迥乎不同。

如此旁批，以字词句为要点，以干巴巴的知识点的形式进行展现。本文是梁启超先生的一篇文章。七年级的大部分学生对梁启超先生还不太熟悉。在阅读文本的时候，很难一开始就从设问开始，尤其知识点类的旁批，会难以使学生产生自读兴趣。要想实现旁批的原有价值，教师在进行应用的时候，不妨增加一些其他内容，如引导学生们搜集背景信息，使学生们能因具体时代背景产生阅读兴趣，同时为了解"最苦与最乐"做好准备。也可以在恰当的时机，联系学生生活创设情境，提出问题，驱动学生们结合生活与文本内容进行思考，增强阅读的趣味性，尤其因此获得独特感受。如此改进旁批内容，不仅可以使学生产生阅读兴趣，还可以使学生更快地走进文本中，感受文本中的关键字词句，体会作者的写作意图。

（二）语言思维设计简陋

语言和思维是语文学科"工具性"的具体体现，二者是语文阅读中不可缺少的"工具"。心理学研究表明，当语言、思维具有明确性和操作性时，学生的学习效果会得到增强。教材自读课的助读系统中的旁批内容大都是以简单的提问，简单的抒情或褒扬语言构成的，缺少科学性和严谨性，很容易使学生们将思维"束之高阁"，泛泛地阅读语言文字，影响语言能力和思维能力的发展。

以《台阶》为例，本节课部分旁批如下：

摇晃的树枝，摇不散的目光。想想父亲此时的心理。

似问非问，心情复杂。

这样旁批尽管语言优美，可以吸引学生们的注意力，但是，大部分学生却难以从中获取阅读方向，甚至会在脑海中浮现这样的疑问："'似问非问，心情复杂'是在说什么？"由此自然很难走到文本深处进行阅读。立足此不足，教师在实施自读课教学的时候，要加以改进，增强旁批的明确性和操作性。比如，针对"似问非问，心情复杂"此旁批内容，教师可以联系文本，以文本最后一段为立足点，进行引导："父亲为什么又像问自己又像是问我：'这人怎么了？'"，借此使学生们将目光集中在最后一段，尤其联系上文内容，感受父亲在造好台阶之后的彷徨，深入品味语言内涵，体会文本情感，加深对文本内容的理解。

二、阅读提示的不足与改进建议

阅读提示是自读课助读系统的类型之一，或与单元重点相配合，或选取文本独到之处，就此对学生进行指导，使学生在自主阅读的过程中，能将课堂阅读延伸到课外，开拓阅读时空和内容，增强阅读水平。但是，阅读提示自身存在的一些不足影响了其应有价值的实现。

（一）问题指向缺乏实践性

语文具有实践性，这是语文标准明确提出的。同时，语文课程标准中要求教师引导学生走进生活中，以生活化的方式实施语文教学。生活是语文教学的基本走向。助读系统中的阅读提示本应沿着此走向，密切联系学生们的生活展现阅读内容，但事实上，教材中的阅读提示过分地重视知识传授和技能训练，将生活排挤在外，缺乏实践性的问题指向。

以《散文诗二首》为例，教材中展现了如下阅读提示：

散文诗有诗的情绪和想象，像诗一样……感受他们作品的相似之处。

"感受"是该阅读提示的中心内容，旨在使学生们带着问题走进文本中，感受作者蕴含在字里行间的情感或语言艺术。"感受"是一项高大上的活动，是高于现实生活的。由此可见，阅读提示与学生的生活相脱轨。尤其是学生在浅薄的生活经验的作用下，是难以深入地感受其中的思想情感的。此外，阅读文本不单单要引导学生们理解文本的思想情感，还要使学生在了解文本背景的基础上，充分发挥主观能动性，在想象力、创造力等作用下，获得独特体验。对此，在改进阅读提示的时候，教师不妨将文本的创作背景或作者的生平经历融入其中，使学生走进"具体生活"中，建立独特感受，尤其在此过程中，能知其然知其所以然地解决问题，提高问题解决能力。

（二）阅读提示缺乏批判性

批判性思维是学生们阅读、理解文本的"工具"。核心素养的提出，将培养学生批判性思维摆在了突出位置。尤其，语文课程标准中要求教师依托阅读内容创设批判、反思等活动，使学生们在拓宽思维的情况下，深入理解文本内容，获得审美体验，顺其自然地提升批判思维能力。但是自读系统中的阅读提示内容，却忽视批判性，以解释性和概括性的提示内容为主，在一定程度上使得学生们服从权威，限制了批判性思维的形成与发展。

以《雨的四季》为例，教材中展现了如此阅读提示：

优美的写景散文常常用饱含情感的、细腻生动的笔墨……朗读并细细品味。

该阅读提示以品味语言文字之美为重点，缺乏生活性。在体验生活的过程中，学生们早已经历了不同季节的雨，对不同季节的雨建构了个性认知。个性认知是学生们进行批判的关键。所以，在改进阅读提示的时候，教师可以联系学生生活创设生活情境，并提出有关问题，如你最喜欢哪一个季节的雨季？或你最不喜欢哪一个季节的雨季？说明理由。如此可以使学生联系生活经验，畅所欲言，切实发散思维，不以书本为上，夯实发展批判性思维的基础。

总而言之，自读课的助读系统存在诸多不足，在实施自读课教学的时候，教师要研读助读系统中的旁批和阅读提示内容，发现不足，加以改进，借此发挥助读系统作用，为学生指明自读方向，驱动学生自主阅读，提高自读效果。

参考文献

[1] 于淼. 部编版初中语文助读系统使用研究 [D]. 牡丹江：牡丹江师范学院，2019.

[2] 丁中华. 助读系统在初中语文自读课文教学中的运用 [D]. 赣州：赣南师范大学，2019.

[3] 吴芳. 统编本初中《语文》助读系统的使用策略研究 [D]. 长沙：湖南师范大学，2019.

谈谈初中学生良好作文习惯的培养

作文，对于刚从小学升入初中的大多数学生来说，无疑是一道不合口味的菜肴，分析其原因就是学生的作文能力尚低。那么如何提高学生的写作能力，使之达到一定的水平？我认为关键在于培养学生良好的作文习惯。良好的作文习惯是提高学生作文能力和写作水平的基础，没有养成良好作文的习惯而去大谈特谈如何立意、如何谋篇布局等，无疑是"揠苗助长"，劳而无功，反而会使学生感觉到写作文是困难的，从而产生一种望而生畏的心理，一种抵触的情绪，使学生丧失作文的信心和兴趣。

虽然初中学生经过小学高段的作文训练已积累了一定的作文基础，能够写作一些简单的记叙文和一些常用的应用文，但从总体上说，在他们的作文中仍存在着较多的问题，或言之无物，或言之无文，或言之无情。针对以上种种情况，我采取了以下的办法。

一、培养学生良好的阅读习惯

虽然说社会生活是写作的唯一源泉，要写作首先必须对社会、对人生、对自然进行观察、调查，直接取得写作材料。可是，由于人们受到时间、空间、精力、条件等方面的限制，不可能事事都去观察、调查，这就要求我们去学习别人的经验来丰富自己的生活，增加自己的知识，大量地阅读正是解决这一矛盾的一条十分重要的途径。古今中外的文学家、作家无不博览群书，他们不仅精通诗文，而且对历史地理、天文地质、军事经济、琴棋书画、稻菽麦菜等等都有广博的知识，因而写作起来能随心所欲，涉笔成趣。所以前人告诫我们："读书破万卷，下笔如有神。"要写好作文还得博览群书。

教学中，我了解到学生作文"言之无物""言之无文""言之无情"，其中一个很重要的原因，就是学生阅读课外书籍太少了。我在对我们初一（1）班全班49位学生的问卷调查中发现，学生个人藏书量都很少，课外书读得极少，读过二十部以上长篇小说的不到十人，而这些课外书又以武侠小说、言情小说为主，或者是供低年级学生阅读的一些童话故事，有的甚至是一些宣扬封建迷信、凶杀、色情内容的低级庸俗的读物。学生平时把较多的课余时间花费在电视机前和电子游戏房内。

初一学生课业负担并不很重，课余有较多的时间可以自己支配。所以我想，首先要正确引导学生合理安排课余时间，正确引导学生阅读课外书籍的内容范围，把学生课外阅读引向健康向上的路子上。为此我在班内开展了"买好书，读好书"活动，并为学生开列了一张图书清单，向学生推荐一批适合他们阅读的优秀作品，诸如《敌后武工队》《铁道游击队》《小兵张嘎》《野火春风斗古城》《红岩》《钢铁是怎样炼成的》《少年儿童百科全书》等，还发动大家每天节省五角零花钱，一个月买一本好书。第一个月全班学生共买各类图书71册。这些图书由语文课代表统一登记，编订一份全班同学的图书目录，张贴在班级宣传栏内，鼓励同学们相互借阅。这样既大大补充了学校图书室的不足，又避免了学生们进入阅读误区，为学生提供了一个健康向上、丰富多彩的阅读空间，有助于学生正确人生观、世界观的形成。

一时间，全班课外阅读的气氛空前高涨。一些家长来电反映，他们的孩子自从班里开展"买好书，读好书"活动后，不再上电子游戏房打电子游戏机了，大部分空闲时间是找书读书。许多家长都表示支持这样的读书活动。学生们也反映，通过读书，以前自己所不知的东西，现在知道了许多，以前作文写不出什么内容，现在似乎可写的东西很多，而且觉得课余生活充实多了，非常有意思。

"买好书，读好书"活动开展一个学期，至期末进行统计，一学期内全班学生共买各类图书合计349册，最多一位学生买书23册，最少的也买了3册。课外阅读最多的学生阅读各类图书36册，最少也读了12册，人均阅读超过20册。数字显示，学生们通过一个学期的读书活动，已初步养成了阅读的习惯。同时，通过一个学期有计划有目的的阅读，学生们的眼界开阔了，知识丰富了，思想境界也提高了，这些已在他们的作文中有较多的反映。说真的，这着实让我惊喜了一把，我觉得这个活动一定要继续开展下去。

二、培养学生勤做笔记的习惯

不少学生平时怕写作、厌写作，还有一个十分重要的原因是他们手中缺乏材料，而材料需要平时的积累。备个笔记本，做些必要的笔记，可为材料的积累提供保证。古人云："不动笔墨不读书。"平时看报读书，往往会读到许多优美的词句、精彩的片段、典型的事例，或名人警句，或典故格言，或巧妙的构思、精巧的谋篇布局等等，及时摘录下来，以免遗忘；同时，通过摘录、笔记，可以加深理解，这无疑又为自己的写作准备了有价值的宝库。

然而，我对我班四十九位学生是否有笔记本进行调查，结果是没有或有过但心血来潮记过一两次后便放弃的学生占85.7%，只有14.3%的学生有做笔记的习惯，由此可见，大多数学生都没有做笔记的习惯。于是我提出了一个硬性规定，要求学生必须准备好一个像样的笔记本，在课外阅读时必须做好摘抄笔记，每周检查。随后我又对学生做的笔记进行整理，把自认为学生摘抄的较有价值的内容挑选出来，编辑成讲义，印发给学生，以丰富学生的笔记。

通过半个学期的做笔记训练，大部分学生养成了做笔记的习惯，学生们所做的笔记，内容上也逐渐趋于广博，从单纯的佳词美句，到精彩的片段，从典型事例，到个人读书心得。我也惊喜地发现，学生们在作文中能恰如其分地选择一些自己笔记本中所记的材料作为作文的素材，充实作文的内容，此前"言之无物""言之无文""言之无情"的状况大有好转。

三、培养学生多写多练的习惯

让学生大量地做笔记和广泛地阅读，是我要让学生真正学会作文的一种手段。所以，我在让学生做笔记和阅读的同时，积极鼓励学生多写多练，把写和练培养成一种习惯，成为学生学习生活中不可分割的一部分。

（一）提倡多写随笔，多做生活札记

人是生活在社会这个大环境中的。一个人的活动，离不开社会中的人与事，而社会上每天发生的事何止千万，如果通过仔细观察，把自己平时与人交谈、游览山水名胜、观看影视、闲逛街市、游戏运动、思想学习等等，认真搜集下来，写进笔记本里，又可为写作提供新鲜生动而富有生活情趣的材料。

因此，我要求学生多写随笔，多做生活札记，要求他们更加细致

深入地观察生活，做生活的有心人，不论校内校外、天南地北、古往今来、虫鸟花卉，也不论是生活中极平常的一人一事、一言一行、一草一木，都可选来作为随笔的题材。不拘形式，长则长，短则短，自由发挥，或记叙，或描写，或说明，或抒情，或议论，一切皆由内容而定。但要求学生每天写一篇，经常当面检查（每周不少于两次）。检查中，我采取先全面肯定的办法（我认为，对学生多点肯定会让学生多一点成就感，以增强他们的自信心，也能减轻一些学生写作时的心理压力），然后再委婉地指出其缺点，比如句子不够通顺的，我让他自己读读这些句子，找出这些句子的毛病所在，思考如何进一步修改。大部分学生都能很快找出毛病，并把它们修改通顺。这能让学生感觉到写随笔并不是一件很难的事，只要自己观察仔细一点，写时细心一点，有的毛病就可以避免。同时我还利用早读课或课前五分钟每天进行交流，通过交流，把一个人独知的材料变为同学共知的材料，通过交流，能让他们察觉到自己的不足，感觉到自己的进步，从而激发他们写作的兴趣。

由于随笔题材广泛自由，写法灵活多样，操作简单方便。不出一个月，全班85%以上学生接受了这种形式，他们觉得写随笔比较自由，知道什么写什么，写的都是一些自己熟悉的人和事，所以写的时候没有心理压力，平时学到的各种词句都能在随笔中大胆操练，因而容易写好。一个学期下来，全班大部分学生养成了写随笔的习惯。据不完全统计，最多的一位学生写了110多篇，几乎每天一篇，而多数学生写了七八十篇。

通过训练写随笔，学生逐渐学会了怎样深入细致地观察生活，怎样较好地把握主题及谋篇布局，通过训练，也比较轻松地把学生引导到"我手写我心"的正确的写作路子上来。我以为训练写随笔，能把学生从消极的字词练习中主动地放飞到大自然里去感知真实的生活，而且写随笔，既练了笔，又能不断地为应试作文积累丰富的素材，也弥补了学生阅历浅，生活圈子小，知识不够丰富这一缺憾，可以说是"一举多得"的做法。

（二）鼓励学生积极投稿

把文章拿到报纸杂志上去发表，或在电台中播出，这对于初一年级的学生来说，似乎是一件高不可攀的事。所以全班绝大部分学生没有投过稿或想投却担心被退还而最终放弃。为此，我专门利用时间给他们打气，消除他们的心理障碍，鼓励他们积极投稿，并督促班里几位写作基础较好的学生带好头。于是一篇两篇，十篇二十篇，学生们的作品一篇接一篇投向"校园之声"广播站、校报，投向镇广播电视站，投向市报、市电台，投向《写作新苑》。随后不久，学生的优秀作文也相继在报刊上发表，在广播电台中播出。这大大地激发了学生们的写作兴趣和创作热情。期中之后，投出的稿件更多，到期末统计，全班共投稿147篇（忽略重复投稿），被校报、校广播站录用41篇，市报、市电台录用9篇，镇广播电视站录用12篇。全班人均投稿3篇，人均录用1.2篇，可谓是初战告捷。

投稿，我觉得是多写多练的好机会，一旦投中，这不仅肯定了学生写作的初步成功，而且会让学生产生要向写作的更高一层台阶迈进的意愿，更主要的是调动并激发了其写作的兴趣和写作积极性，所以，我认为这种机会千万不要放过。当然，课余作文能把学生的写作基础打扎实，但课堂作文教学也是不可少的。课堂作文教学，要注重作文文体的写作训练，命题作文和材料作文的写作训练，这有利于学生写作能力的系统性培养，是切不可丢的。

四、培养学生修改作文的习惯

作文训练中，我发现这样一种现象，好多学生在打完草稿后就立即把它誊写到作文簿上，然后就交了了事。再看学生交上来的作文，总是病态百出，究其原因是缺少修改。所以我要求学生作文必须进行修改，而且必须修改两次以上，每次交作文本时，要附带交上所有作文修改稿。

对于作文修改，我给他们提了四点建议：

（1）将全文细读一遍，边读边改正文中的错别字、漏写的字词句。这是修改的初步。

（2）从宏观上审阅。在第一步的基础上，检查文章的中心主题是否有错误或有偏颇之处，若有，则应当订正或重写；检查材料，看材料是否与中心相一致；检查结构，开头结尾是否合理，段落层次是否紧凑，前后是否照应，详略是否得当，是否"言之有序"等等；检查语言，看看语言是否符合文体，有没有语法错误，修辞是否妥当。

（3）从微观上斟酌。尽量把字、词、句、段及标点符号修改到自己最满意的程度为止。

（4）把自己放在读者的位置上再去读自己写的作文，考虑一下这篇文章是否还有自己不满意的地方。或者同学之间交换作文，相互提出修改意见。

学生们按照我的建议着手对他们的作文进行修改，修改以后交上来的作文，有一个明显的特点，就是文章的中心比较明确，材料的选择相对合理，而且都基本符合中心主题的要求，语言比以前畅达得多，错别字、病句明显减少。

所以，我以为，必须让学生养成修改作文的习惯。因为作文修改的过程是一个反复加工、反复锤炼的过程，只有通过反复修改，才能把客观事物反映得准确、恰当，只有通过修改，才能达到去粗存精，改错为正的目的。修改对于作文的成功有着极其重要的意义。

习惯是人们在长时期里逐渐养成的、一时不容易改变的行为、倾向或社会风尚。好的习惯给人以益处，所以让学生养成良好的作文习惯也自然有利于学生写作能力的培养，有利于学生作文水平的提高。这里所谈的所谓良好的作文习惯，实际上就是让学生多观察、多阅读、多训练的一项实践活动。写作是一项技能，不是一个或几个知识要点，而要提高一项技能的水平，关键还得通过大量的训练实践，使他们养成一种习惯，正所谓"熟能生巧"。因而作为语文教师，我认为在作文教学中，要重实践，轻理论，切忌让学生循着教师的指挥棒往应试要求的框子里钻，要让学生在一个自由自在的、身心愉悦的氛围中去创造健康的精神产品。

五、培养学生的写作兴趣

写作是人类运用语言文字表达自我，倾诉情感的一种内在需要，是对自我、对生活、对世界的一种碰触、认知和对话，它应该是每个学生很有兴趣的一种自发自觉的行为。作文教学是语文教学的主要环节，但"写作文真难！"这是许多初中生的烦恼。怎样才能消除学生的畏难情绪呢？我认为在教学中应从以下几个方面逐渐培养学生的写作兴趣。

（一）以身示范，熏陶感染

作为语文教师，非常需要有渊博的知识和较高的语言表达能力。倘若在课堂教学中，教师能旁征博引，妙语连珠，让学生如沐春风，那么，学生自然会对语言文字产生浓厚的兴趣，萌发表达的欲望。同时，在作文教学过程中，教师亲自动手写作，将现实的生活变成文字，可以是班内的真人真事，可以是自己对生活的感悟，将作品拿到班内与学生分享，可能自己的水平不是很高，但在学生的心目中，你会变得很伟大、很神奇，学生会自然而然地喜欢甚至是崇拜你，也许会因喜欢他的语文老师而喜欢上了作文。

（二）引导阅读，唤起兴趣

要提高学生的写作兴趣和写作能力，必须让学生多阅读。"书读百遍，而义自见。"语文教材中，有许多优美的文章和片段，这是写作教学的好材料。课文中大部分是名家名篇，语言生动形象，易感易学，很适合学生阅读。对于这些课文，我们应该让学生多读多记，必要时背下来，积累的东西多了，到写作文时语言就会像涓涓细流，自然而然地从笔下"流淌"出来。要写出好文章来，不但要让学生熟读课文，还要扩大学生的知识面，引导学生课外阅读大量的报刊、名著，汲取其中丰富的写作营养，只有做到读书破万卷，才能达到下笔如有神。

（三）融入生活，积累素材

学生写作文，首先要有素材，而素材来源于生活。生活是写作的源泉。作文言之无物，没有时代感，没有生活气息，根本原因就在于离开了写作的活水源头——生活。作文就是把我们身边的生活写出来，把平时的所见、所闻、所想用恰当的语言文字表达出来。这就要求教师多引导学生体验生活，如郊游、参加学校组织的各项活动，广泛积累写作素材。在生活、实践过程中，教师要特别注意引导学生观察过程，提高观察力、思考力和想象力，若有一些心得体会，就要及时记下来。这样坚持久了，学生在写作文的时候就会习惯于记实事、写真人、抒真情、发实感，写作的兴趣将会逐渐得到提高。

（四）相互评改，提高能力

在作文批改中，最忌在学生盲目的状态下，教师一手草批后下发给学生，再不过问。要充分发挥学生的主体作用，让学生参与评改，可采取互批互改、集体批改等多种形式。常用的是互批互改，要求学生批改作文时做到：先通篇读，看作文是否符合题意；再一句一句认真读，找到不通顺的句子、不恰当的词语、错别字、用错的标点符号等，并用圈、点等符号标出；最后写上对这篇作文的简评。基础好的学生与基础薄弱的学生对调批改作文，写得好的同学改到写得差的作文，可从中得到教训；写得差的学生改到好的作文，可从中学到方法，受到启发，得到提高。实践证明，让学生相互评改作文，会使学生逐步养成爱动笔的好习惯，十分有利于调动他们的写作积极性，天长日久，就会自然而然地提高学生的写作兴趣。

（五）营造氛围，激发兴趣

在作文教学中，不能忽视氛围的力量，在全班营造一种写作的氛围，作文教学可事半功倍。作文课后，挑出一些优秀作文和进步大的作文，最简单的是张贴在教室里，让学生相互阅读；或办手抄报，既可以让学生互相学习、互相借鉴，还有很强的激励效果，大大激发学生的写作兴趣。

关于学生心理健康的几点思考

闲暇之际，常和同事们一起聊天，聊得最多的话题是自己的孩子或身边的学生成长中出现的问题。我们不得不掩卷沉思：现代中学生为什么会有不良行为？仅仅是道德缺失吗？不，我认为是中学生心理不健康所致。随着社会的发展，由于整体环境、家庭结构和人际关系的变化，中学生面临的竞争越来越激烈，压力越来越大，出现心理问题的人数越来越多。

一、中学生心理不健康的原因分析

据调查，中学生心理不健康的原因是多方面的，总结起来，主要有以下几点：

（一）学业负担带来过大的心理压力

1. 考试恐惧症

现代社会，学校教育仍以应试为主要目的。在学校，学生的课业负担仍很重，学习竞争意识强，一听说考试，学生心里就紧张，总担心考不好会被老师、父母责骂，精神压力过大，出现心理焦虑、失眠、神经衰弱等症状。如，七年级一位女生，刚升入初中，由于不适应教学方法，不适应新环境、新同学，导致学习成绩逐渐下降。小学时，名列前十二名，现在落至百名以后。她常常哭泣，痛苦地对班主任说："我觉得自己好无能，无法面对老师、父母和同学的目光，苦闷、烦恼充斥着头脑。"八年级一位男生，他自认为平常成绩不错，有时还是同学的小老师，可一旦接近考试他就紧张，总怕自己考不过别人，紧张、担忧、睡眠不足、头痛不已，最后被迫中断考试。即使坚持考下来，成绩也不理想。连续如此，后来发展到一听考试就恐惧战栗。

2. 厌学弃学症

目前，一部分学生存在厌学心理。不单是学困生不愿学习，就连成绩优秀的同学也有这种倾向。有位九年级学生说："考试时，如果看到别人作弊，自己的心理就不平衡。特别是当成绩不理想时，就会情绪低落，埋怨老师不公平，觉得认真学习也没什么意思。"另一位九年级的学生说："我们成绩好的学生在同学中不一定有威信，而成绩平平的同学却往往人缘特好，在推选三好学生或各种代表时常会当选，所以也就觉得学习没劲，不想努力了。"还有一些学生，因智力因素的影响，成绩难以提高而对自己失去了自信，表现出强烈的焦躁、苦闷、抵触等情绪，有时会出现顶撞老师、上课睡觉、不交作业，甚至旷课逃学等状况。这些现象值得引起我们的思考。

（二）人际关系的变化带来了过大的心理压力

初中生由于年龄小，人生观、世界观尚未成熟，无论在家还是在校，在人际关系处理中缺乏经验，因而出现的问题较多，造成思想压力过大。如与父母、教师、同学的关系问题。

1. 与父母的关系问题

主要是因父母与子女之间缺乏沟通，或家庭不和给学生造成的心理伤害。如，有位八年级学生说："我和妈妈言语不和，经常吵架，听到她的骂声就心烦，有时都不想理她。"另一位八年级学生因家庭不和，父母由经常吵架，演变到后来的离异，父母各自重新组建家庭，他只能跟着年迈的奶奶生活。于是，他恨父母亲，不愿再见他们，心里很烦闷，整天想离家出走，产生了厌世情绪。可见，父母离异，会给子女带来极大的感情伤害。

2. 与教师的关系问题

主要因为教师有时不尊重、不理解学生，导致师生关系疏远，学生不喜欢教师，有事不愿吐露心声，甚至对立。有一位八年级学生干部谈道："我觉得做班干部好难啊！两头受气。不管事吧，老师批评你不负责任，要管事吧，又难免得罪一些同学，在管理过程中一旦发生口角，老师首先要批评班干部，班干部也不敢辩解，怕老师不相信，真是左右为难，不知到底该怎么办。"另外，还有些学生认为老师处理是非"不公平"，"看不起自己"，等等，都反映了师生间的关系不融洽。

3. 与同学的关系问题

主要因为部分学生不善处理和朋友间的关系。有位七年级学生，因为做事能力较强，又好表现，事事争先，引起其他同学的嫉妒，因而内心烦恼痛苦。还有位女生因和她关系好的两位朋友发生了矛盾，她夹在中间十分为难，不知该如何是好，最后干脆与她们都不交往了，但她内心又感到十分孤独、伤心。这些人际关系的不断变化，影响着学生的心理健康。

（三）诸多不良的社会因素给学生造成了心理影响

当前，社会中存在许多安全隐患，影响着中学生的学习、生活，他们自控力差，容易受到外界不良现象的诱惑，逐渐形成了不健康心理，造成越来越多的危害。如：有的学生因贪小便宜，养成了小偷小摸的恶习；有的学生明目张胆向比自己小或年级低的学生"借"钱而且强行不还，有时还大打出手……这会对那些被欺侮的学生，造成身心上的伤害，他们既不敢跟大人讲，又怕挨打，心里痛苦压抑，长此以往，就造成破罐子破摔，脾气古怪，性格暴躁，以自我为中心，有些还会效仿那些学生，同他们结成一伙，为自己寻求保护伞，又会对其他学生造成危害。这种恶劣现象出现后，如果只加强德育教育，最终结果可能会差强人意，有时甚至会变本加厉，酿成一错再错的恶果。还有，现代中学生迷恋上网，有时一个礼拜甚至十几天不回家，给他们的心理及生理带来极大的危害，并造成丧失亲情、友情、师生情的恶果，容易形成孤僻、失落、悲观等心理障碍。再有，早恋问题是影响学生心理不健康的最活跃因素。由于中学生处于花季年龄，生理发育逐渐成熟，敏感、易冲动，开始关注异性，再加之媒体影响，导致"早恋问题"的发生。如，一节数学课上，老师发现有个女生在一张纸上画了一个男孩素描头像并写道："我喜欢这个男孩，我和他很谈得来，可有好几个女生也喜欢他，我该竞争还是放弃呢？"还有位九年级男生单恋比自己大十几岁的英语老师，整天就想见到对方，明知是不可能有结果的，却无法控制自己的感情。这样的事例不胜枚举，这充分说明中学生对情感问题的掌控能力较差，会对学习或心理带来极大的影响。

二、加强初中学生心理健康教育的对策

如果一直对中学生出现的多种心理问题坐视不管，学生中将会有大量的心理疾病患者得不到及时治疗，后果将不堪设想。因此，重视和加强中学生心理健康教育已迫在眉睫。作为教育、心理工作者，该以何对策来从事这项工作呢？具体有以下几点：

（一）以学校为基地，给学生营造良好的心理环境

学校是学生学习、生活的重要场所，学校教育是疏导学生心理障碍

的主要途径。学校应该全方位、多渠道推进心理健康教育，把心理健康教育渗透到学校教育工作之中。如，2012年9月，我校组建了心理健康功能小组，开展心理咨询活动，实施心理治疗措施。并使心理健康教育正式走进课堂。2012年12月，学校心理健康功能小组对每个年级的部分学生进行了心理健康调查，并根据调查结果分年级安排了心理辅导讲座，效果良好。学校还将德育活动与心理健康教育融会贯通。如，在每学期开展的普法教育活动中，渗透心理健康教育，使学生在学法、知法、懂法的同时，保持健康的心理状态。自2012年起，我校经常在中考前为九年级学生举办"考前释压心理辅导讲座"，使学生中考时能轻装上阵，正常发挥，努力考出优异成绩。2013年9月，我校又创设了宣泄室，由专人负责登记，每天课外活动开放，让学生发泄内心的愤懑和压抑，以提高心理素质。校园环境也对学生的成长起着重要的熏陶和感染作用，优美的校园环境可以陶冶学生情操，浓郁的校园文化可以激励学生拼搏精神，整洁的校园设施可以规范学生心理行为。所以，为了学生能愉快学习，学校就要提供良好的育人环境。

（二）以培育优秀教师为途径，塑造学生健康心理

学校是学生学习的主要场所，而教师则是学生学习知识的引领者。学校应多对心理教育教师进行专业知识的培训，提高他们对学生心理教育重要性的认识。让教师知道一个心理健康的人必须具有进取的精神、充沛的活力、愉快的情绪，也要正确认识学生个性发展的差异性。课堂上，无论什么样的学生，都不要轻易伤害他们的自尊心，要晓之以理，以良好的师德修养和渊博的知识潜移默化影响学生，塑造学生美好心灵。2013年，我校安排一名心理老师去成都参加培训，提高业务能力，之后又进行了二级培训，使心理教育的老师们共同成长。

（三）以家庭为平台，使学生放飞烦恼，快乐成长

家庭是学生成长的第一环境，父母是学生的启蒙老师，他们的一言一行都影响着孩子的成长。因而，父母应自觉地营造和睦、平等、民主的家庭育人环境，用正确的方法教育自己的孩子，使孩子放飞烦恼，快乐成长。比如，在家里，父母要注意与孩子沟通的方法，"蹲下来"与孩子平等交谈，要尊重孩子的意见，即使孩子的看法真的有问题，也要心平气和、耐心地与孩子沟通，达到统一认识，这样孩子才能愿意与父母交心。父母要引导孩子学会处理各种人际关系，鼓励孩子多与同龄人一起生活、学习、玩耍。要舍得让孩子吃亏、受苦，敢于接受"挫折教育"。同时，在生活中，父母不能包办一切，要让孩子做一些力所能及的事，使他们尝到成功的滋味，增强孩子的自信心。父母应当主动与老师多联系，家校合一，共同做好孩子青春期的心理教育工作。让孩子消除心理困惑，健康快乐成长。

（四）以网络为通道，有效疏导做好心理健康教育工作

目前，教师可借助校园网络捕捉信息，针对学生心理现状，制定治疗措施。如，可针对学生因学习方法不当、人际交往不善、早恋等现象，或学生自我心理调节能力差，造成心情压抑、焦虑不安，甚至抑郁等症状，利用网络，寻找适当的方法对症下药，消除其不健康心理。或举办小品表演、小记者采访等活动，让他们尽情倾诉，释放内心焦虑，缓解压力；或以优美、轻柔的乐曲抚慰情绪，做一次放松治疗，真诚地帮助学生解除心理困惑，促其健康成长。

综上所述，我认为，中学生的心理健康教育不容忽视，学生的诸多不良行为已敲响了警钟，作为教育工作者，要义不容辞地肩负起责任，不仅要分析问题，而且要着手实践去解决这些问题，将心理健康教育工作落到实处，凸显价值。

中学生心理健康教育专题讲座

——青春期青少年的生理、心理特点及指导

中学阶段是人生转变的一个重要时期，它不仅是中学生文化科学素质发展的黄金期，及世界观、人生观、价值观形成的关键时期，而且还是个体身心发展急剧变化并充满矛盾的"危机期"。面对这样一个重要时期，我们要充分理解学生的身体和心理的变化，并要给予及时、全面、人性化的帮助，让他们顺利度过这个"危机期"。

第一讲：青春期青少年的生理特点

从年龄特征上来说，中学生处在从青春期向青年期过渡的阶段。青春发育期是人体生长发育的第二高峰，这一时期最显著的特点是生长迅速，变化急剧。有人曾把青春发育期的生理变化归纳为"三大巨变"，即身体外形的剧烈变化，体内机能的迅速健全，性器官和性机能的发育成熟。

（一）身体外形的剧烈变化

在中学阶段，中学生的身高、体重、胸围、头围、肩宽、骨盆等都在加速增长。以身高体重为例，中学生的身高每年少则增长6—8厘米，多则增长10—11厘米；体重一般每年增加5—6千克，突出的可增加8—10

千克。第二性征的出现是中学生外形剧变的又一表现。所谓第二性征是指性发育的外部特征，如男孩子开始出现上唇生须、喉结增大、声音变粗或嘶哑、腋毛、第一次遗精等，女孩子出现乳头突起，声调变高、第一次月经出现。

（二）体内机能的迅速健全

中学生身体内部各器官、系统的机能迅速增强，并逐步趋向成熟。以脑和神经系统的发育为例，在青春发育前期，大脑重量和体积的增加较前减少，但内部结构复杂起来，大脑皮质的沟回组织和神经元细胞已经完善，高级神经活动的兴奋和抑制过程逐步平衡，特别是内抑制机能逐渐发育成熟；到青春发育后期，第二信号系统不仅已占据优势地位，而且在概括和调节功能上也有显著发展。青春发育期脑和神经系统的基本成熟为中学生心理的渐趋成熟提供了物质前提和可能性，但中学生毕竟处于从不成熟向成熟的过渡阶段，脑和神经系统尚有待进一步锻炼。

（三）性器官和性机能的发育成熟

在中学生中，女性从十一二岁左右生殖器官开始发育，至十三四岁出现月经初潮，这标志着女性发育的即将成熟；男性生殖器官的成熟比女性要晚，到十五岁时，男性睾丸的重量才接近成人，十六岁左右出现首次遗精，首次遗精意味着男性性机能的成熟。性器官和性机能的发育成熟，对中学生的心理发展有重大影响。一方面，它刺激了中学生成熟意识的觉醒；另一方面，也给中学生带来很多异性交往和性心理卫生方面的问题。

第二讲：青春期青少年的心理特点

青少年期是由儿童向成人过渡的时期，也是人生发展变化的重大转折时期，也是人生当中最富有特色的时期。处于这个时期的中学生，由于生理上的迅速发育，特别是中学生的性机能发育成熟导致心理上的急剧变化，形成一系列独特的心理特征。中学生的心理发展分为认知、情感、意志、个性发展。

（一）认知的发展

在感知方面，中学生的感知、观察能力在目的性、持久性、精确性和概括性上有显著发展。随着学习动机的激发和智力活动自觉性的提高，中学生逐步学会根据教学和实践任务的要求，较长时间地、集中地观察要认识的事物；在为了完成学习任务必须观察自然现象或社会现象时，他们不仅感知事物的外部特征，而且能抓住事物的主要特征和本质特征，更加全面地感知事物。

在注意方面，中学生的有意注意明显发展，就是对当前不感兴趣或有困难但必须学习的材料，也能集中精力加以注意。在良好教育的影响下，中学生注意的自觉性和保持注意的习惯逐步形成，注意的品质进一步增强。

在记忆方面，中学生的记忆力达到一生记忆力的"黄金"时期。他们记忆的有意性进一步提高，逐渐学会根据不同的教材内容，自觉地提出短期或长期的记忆任务；他们理解记忆的能力随年级增高而不断上升，相反，机械记忆的比重随年级增高而逐渐减少；他们的形象记忆和抽象记忆也在发展，其中，抽象记忆的发展呈稳定增长的趋势，形象记忆的发展在初中三年级后则有所下降。

在思维方面，中学生的思维能力从初中阶段的"经验型"抽象思维向高中阶段的"理论型"抽象思维发展，也就是从需要具体、直观的感性经验支持的抽象思维，向根据理论来进行逻辑思维的抽象思维发展。中学生的思维品质，在初中阶段，独立性、批判性、自觉性有显著增长，但还容易产生片面性和表面性，高中阶段向着思维的深刻性、组织性方面进一步发展，并在一定程度上克服了初中阶段思维的片面性和表面性。高中学生喜欢独立思考，追求创新，鄙视陈腐之见或浅薄的认识，日益学会辩证地看问题，但也存在固执己见而不易改变的特点。

在想象方面，中学生想象的有意性迅速增长，想象中的创造性成分逐步增加，想象的现实性不断提高。例如中学生的作文能够围绕中心思想进行连贯构思，这是他们想象的有意性迅速增长的例证；在文学创作、艺术表现、科技小发明或社会实践活动中，不少中学生特别是高中学生，表现出丰富的想象力、较高的创造性和务实性，这是他们的创造性想象和现实性品质日趋发展的例证。

在言语方面，中学生不仅广泛掌握了各种日常概念和生活用语，而且还掌握了很多科学概念和学术用语，掌握了一定数量的"文言"词汇。中学生已经掌握了本族语言复杂的语法结构，语言越来越准确、生动、优美，口头语言和书面语言都达到了一定的修养水平。当然，有些中学生的语言表达还存在着词不达意、堆砌辞藻、不合规范等缺点，需要进一步锻炼和纠正。随着外语学习的普遍展开和不断深入，中学生对语言的认识日益深化，不少中学生通过对本族语和外国语的异同比较，进一步增加了对语言的认识。

（二）情感的发展

从中学生情感发展的一般趋势来看，有这样几个显著的特点。一是中学生的情绪高亢强烈，充满热情和激情，活泼向上，富有朝气。二是情感的两极性明显，易从一个极端走向另一个极端，这同中学生主客观矛盾的增多和青春期生理发育有关。三是情感内容的社会性越来越深刻，道德感、理智感、美感的内容与水平愈益丰富和提高。四是情感的自我调节和表现形式进一步发展，尤其是高中学生，其情感表露越来越带有文饰、内隐和曲折的性质。五是中学生的友谊感迅速增强，并且出现两性爱情的萌芽，这种情况若引导得当，可促进其心理品质和行为的发展，但若处理不当，则会造成一些中学生的哥们儿义气，拉帮结伙，早恋或两性关系上的"劣迹"行为，对此应引起高度重视。

（三）意志的发展

中学阶段学习活动的范围和难度的增加，以及青春发展期生理上的剧变和情感的波动，要求中学生大力增强意志的控制能力。这种客观需要推动了中学生意志品质的发展，使之出现了一些新的特点。主要表现在：中学生意志行动的目的性不断提高，他们对外界或成人指令的依赖性随年级升高而逐渐下降，根据目的任务自觉作出意志决定的水平则随年级升高而递增；中学生克服困难的毅力随年级升高而增强，这同中学生责任感的培养和集体舆论的约束力有很大关系；中学生的其他意志品质，如果断性和自制力，在良好教育的培养下也有很大发展，不过在初中阶段，轻率、冲动的现象还经常可以看到，这需要教育者的耐心引导和帮助。特别需要把意志的培养和情感的调控结合起来，以情炼意，以意制情，在控制情感的过程中锻炼优良的意志品质。

（四）个性的发展

就中学生意识倾向性的发展来看，中学生的自我意识发展迅速，并逐渐接近成熟，他们的自我评价能力、自尊心、自信心和独立性等愈益明显地表现出来，不过在初中阶段，自我意识的发展还很不平衡，需要积极地引导和教育；中学生的兴趣沿着方向日渐明确，个人兴趣不断扩展和分化，男生一般偏"理"，女生大多重"文"的趋势向前发展，这种情况在中学生兴趣发展的指导中应当引起足够重视；中学生的理想在其形式上，是按照形象、综合形象和概括性理想的水平向前发展的，中学生理想的发展还具有现实性随年级增高越来越强，稳定性随年级增长越来越大的特点；中学阶段也是一个人的世界观从萌芽到初步形成的时期，在这一过程中，中学生对人生意义的理解随年级增高而水平上升，但总的来说，中学生的世界观可塑性很大，尚需在以后的人生道路上继续磨炼和发展。

就中学生个性心理特征的发展来看，集中反映在良好性格特征的锤炼和性格品质的发展上。中学生的学习态度和学习的意志特征之间的密切程度，随年级增高而加深；中学生的性格特征在初中阶段可塑性较强，到高中一、二年级时便趋于成熟或基本定型；在良好环境和教育的影响下，社会化的积极结果在学生性格的发展上越来越得到明显的反应。因此，抓紧中学生性格成熟或定型前的锤炼或"塑造"工作，是促进中学生良好的个性品质健康发展的重要任务。

总之，中学生身心发展既具有儿童期的幼稚特点，又具有成熟期的特点，在父母和老师眼中有时由于体形身高的变化被看成是大人，有时又因不懂人情世故，缺乏生活常识而被当作孩子对待。在挫折面前，他们自己也会感到是处在既不是大人又不是孩子的时期，是哪边也靠不上的时期，也可以说是"上不上，下不下"的极不稳定的半幼稚半成熟的时期。正在这一时期，中学生出现了三大心理矛盾：性发育迅速成熟与性心理相对幼稚的矛盾；自我意识迅猛增长与社会成熟相对迟缓的矛盾；情感激荡要求释放与外部表露趋向内隐的矛盾。

第三讲：中学生心理健康状况和指导

针对前述中学生生理和心理发展的特点来看，处于青春期的中学生受到的心理困扰十分明显，心理矛盾很突出，从近年来我们在咨询活动和实际操作中了解到的情况看，中学生的心理健康问题主要有以下几类：

（一）学习类问题

学生的主要任务就是学习，围绕学习产生的心理矛盾占中学生心理问题的主要部分，其反映有二：

（1）目前，学校课业任务繁重，竞争激烈，父母的期望值过高，老师、学校期望也比较高，使得学生精神压力越来越大，造成精神上的萎靡不振，从而导致食欲不振、失眠、神经衰弱、记忆效果下降、思维迟缓等。有一位高中女生，升入高中后由于教师的教学方法发生了变化，竞争对手也发生了变化，使她感到十分不适应，导致学习成绩下降，从初中时的全年级前几名落至高中的141名。前来咨询时她痛苦地说："17年来我第一次感到自己的无能，每当看到父母期望的目光，就非常难过，不知如何做才能达到父母的要求，如今，苦闷、烦恼、忧愁、气愤充满头脑，看见书就又恨又怕，真想把它扔出去。"还有一位男生也谈到，自己平常学习不错，偶尔还可以给他人指导，但一接近考试就紧张，总怕自己考不好，拼命准备、夜不能眠。而考试前又会感到头痛，甚至还会发烧，最后不是被迫中断考试，就是坚持下来成绩也不好。循环往复，到了一听考试就恐惧紧张的地步。

（2）厌学是目前学习活动中比较突出的问题，不仅是学习差的同学不愿学习，就连成绩很好的同学也有这种倾向。有位重点学校的学生就谈道："每当看到听到别人考试作弊时，自己心理就不平衡。当自己成绩不理想时又会埋怨老师不公平，觉得认真学习真没意思，不想再学了。"还有位学生告诉我们在学生中有种说法"有出息的靠关系，没出息的靠分数"。学习好的同学在学生中威信不一定高，而成绩平平人缘好的同学却常常受到青睐，在推举各种代表时常会当选，所以就觉得学习没劲，不想努力去读书了。还有一些因其他心理原因而厌学的状况，如因反应较慢常被人讥笑而不愿上课的；因记忆、理解等能力缺失使成绩难以提高而对自己失去信心的等等。有的甚至发展到恨书、恨老师、旷课逃学的程度。有位同学就曾在日记中写道："晚上11点多了，望着桌上摆满了的教科书、英语词典、作业簿。我真想把它们一下子烧成飞灰。"表现出强烈的焦躁、愤懑、无奈。这种问题非常值得我们深思。

（3）考试焦虑问题，特别是遇到较为重要的考试时焦虑更为严重，甚至出现焦虑泛化现象。以上问题主要是受学校教育结构、学校教育指导思想、学校教育方法的影响而形成的。我国的教育结构存在着不合理现象，在现行的中等教育体制中，绝大部分是普通中学，学生在中学所学的知识基本上是为考大学而准备的，而实际上升入大学的只是很少的一部分，学生面临的是升学难、就业难、出路窄的问题，特别是那些成绩差的后进生更是感到升学无望。一种毕业后无出路的忧愁和恐慌感控制着他们，这种情况反映在学习上，就是感到学习的沉重，讨厌学习，考试焦虑。

（二）人际关系问题

这也是中学生中反映最多的问题之一，主要包括：

1. 与教师的关系问题

主要集中在由于教师对学生的不理解，过多干涉学生的业余生活和正常交往而引起的困惑和烦恼。有位中学生谈到，一次他向一位同班女生询问功课，被老师看到后受到了苛刻的指责，并把这事作为小辫子抓在手里，动辄揪出来"示众"一番，"你以为我不知道你吗……"，严重地刺伤了他的自尊心，导致他对教师的反感和对立，老师指东他偏向西，但其实内心又十分矛盾，甚至影响了对学业的兴趣。另有一位学生干部来访谈道："现在做班干部真难，两头受气，不管事，老师批评你不负责任，要管事，又难免与一些同学发生争执，若一旦吵起来，老师首先要批评班干部，故而觉得十分委屈。生老师的气又不敢顶撞；想不干了又怕失去老师的信任，左右为难十分矛盾，不知到底该怎么办。"此外，还有一些其他想法，诸如：认为老师"嫌贫爱富"的，认为老师

"处事不公正"的，认为老师"轻视自己"的，等等，都反映出学校中师生关系的问题。

2. 与同学的关系问题

主要集中在交友方面，因处理不好朋友之间的关系而苦恼。有位学生讲到，他的一位好朋友总是对他不信任，怀疑他对朋友的友谊，认为他为朋友的付出不够多，使他十分苦恼，不知怎样做才能消除朋友的怀疑。还有一位女生因两位要好的朋友发生了矛盾，她夹在中间十分为难，与甲交往怕乙不高兴，与乙交往又怕甲不理解，最后干脆两位朋友都不再交往，可内心又十分孤独，寂寞，想恢复与朋友的关系又不知该怎样去做。此外，尚有个别学生因初中升到高中朋友越来越少，而怀疑世上没有真正的友谊，交不到真正的朋友，进而想避世隐居的。

3. 与父母关系的问题

主要是因父母与子女之间缺乏相互理解和沟通，或家庭关系不和对学生造成的心灵伤害。例如，有位学生谈道："我经常和妈妈闹矛盾，听到她的骂声就心烦，有时真想一走了之再也不回来了，可看到她疲倦的面容，花白的头发又觉得于心不忍，每天就生活在这种内心矛盾之中，真不知该怎么办。"还有位学生家庭不和，父母经常吵架。有一次母亲出差时，父亲竟出轨。自此以后他再也不愿待在那个家里了，恨死了父亲，不愿再见父母，整天就想往外跑，心里烦闷极了。觉得人活着真没意思，产生了厌世的念头。可见，父母行为的不良，带给子女的不仅仅是厌恶、鄙视，而是更深的内心创伤。

（三）情感类问题

青年时期是花的季节，在这一阶段人的第二性征渐渐发育，性意识也慢慢成熟。此时，情绪较为敏感，易冲动，对异性充满了好奇与向往，当然也会伴随着出现许多情感的困惑。如，初恋的兴奋，失恋的沮丧，单恋的烦恼等等。归结起来有两个方面：

其一，是与同龄人的感情纠葛，多是同学间的密切交往所致。我们在咨询时就经常碰到这样的询问，"我和一个男生很要好，现在他升大学了，我想与他确立关系可以吗？""我和一个男同学很谈得来，想发展成为心心相印的好朋友，又怕老师和家长不同意，影响不好，该怎么办？""我喜欢一个男孩，可有好几个女同学喜欢他，我该去竞争呢，还是退下来？"等等。

其二，是与成年人的畸恋问题，这在中学生中虽不普遍，但也不罕见，多表现在一些早熟的学生身上。虽然，从理智上讲他们自己也知道这样不好，但就是控制不住自己，每日生活在矛盾痛苦之中。

（四）挫折适应问题

中学生的挫折是多方面的，有学习方面的、人际关系方面的、兴趣和愿望方面的以及自我尊重方面的。其原因有客观因素、社会环境因素以及个人主观因素。面对挫折造成的困难与痛苦，中学生们的反应方式有两类：消极的反应与积极的反应。消极的挫折适应方式一旦习惯化、稳固化，在一定的情境中即使挫折状态有所改变，其行为却仍以习惯化的适应方式如影随形地出现。于是，消极的挫折适应方式也就转化为较严重的、需要长期耐心教育的心理健康问题了。

面对学生如此复杂的心理状况，作为教育、心理工作者，我感到了深深的忧虑，也更加明确了在中学开展心理健康教育的意义，该如何从事这项工作呢？具体做法我以为有以下几点。

1. 对中学生进行专门的心理健康教育

在中学开设专门的心理健康教育课程，帮助学生了解心理科学知识，掌握一定的心理调节技术。课程可分为两部分：心理卫生与健康理论部分和实际训练操作部分。前一部分为心理健康知识普及课，如心理卫生常识讲座，心理调节问题答疑，焦点问题讨论等，在心理知识的学习中明确认识、矫正观念，以积极的态度去对待自己的心理冲突。后一部分是在中学生中开展心理健康教育最为有效的方法。其实际训练活动操作内容包括小品表演，角色模拟游戏，互访互问，以及其他活动形式，在活动中学生不仅可以学习介绍自己、了解别人、与人交往的社交技能，还可以掌握一些诸如转移情绪、宣泄痛苦、发泄愤怒的心理调节手段，防患于未然。

2. 设立悄悄话热线信箱

实践证明，热线信箱十分有利于与中学生进行交谈，这种方式对一些尚不善于进行面对面谈话的学生来说十分方便，而有些话又是碍于颜面的，所以信箱可省去害羞的忧虑，而且中学生又可以在信中把自己的思考组织得更为严密。这样可以使老师更有针对性地解决心理健康问题。

3. 在常规的教育活动中渗入心理辅导的内容

实际上各科教学本身都有心理教育的内容，只要备课时加入心理教育的导向，就可以使授课内容深入一层，如，语文课就包含有许多情感教育的因素；劳动课、体育课也可安排挫折教育，增加学生的挫折承受力、锻炼意志力。最佳的做法是在各门学科的教学目的中加入心理教育的分节目标，使教育模式由知识教育向素质教育、心理教育转化。

4. 在中学建立心理咨询与调节室

除了一般的咨询谈心外，还可采用一些心理治疗的简易方法对症下药。如，在大考之前，总会有一些学生产生考试焦虑，表现出紧张、失眠等症状。心理辅导员就可集中为学生做一次放松治疗，帮助他们缓解紧张情绪，调整应考动机以取得好的成绩。学校中的心理咨询与调节不同于社会上一般的咨询门诊，做法亦要考虑学生的心理特点，具体策略有：

（1）引导学生合理发泄不良情绪

由于青少年发育尚未成熟，情绪不太稳定。遇到情感挫折时常常不能自控。咨询者应理解这一特点，为他们创设合理发泄的渠道，防止不当的发泄。较好的方法有：一是让他们尽情倾诉；二是引导情绪转移，用积极情绪代替消极情绪；三是音乐抚慰，用优美、轻柔的音乐调节情绪。

（2）淡化被动受教，培养自助能力

青少年自主的能力尚在发育之中，对成人依赖性仍然较强，因此，辅导与咨询时应特别注意助其形成自助能力。在咨询过程中侧重于引导、鼓励，在帮助其分析问题的基础上让他们自己找到解决的对策。

（3）注意行为训练，养成学生良好的行为习惯

中学生的自理性、自制性都还不够成熟，许多心理障碍表现都与不良的行为习惯有关。如失眠，除了心因性原因外，很重要的一点就是不良的作息习惯。因此，对其进行调节时特别要注意行为的训练，最好是助其设计出训练方案，按行为治疗的原则与做法助其一步步达到改正不良行为、养成良好习惯的目的。

（4）注意自身形象，增加学生信任感

由于中学生还处在偶像崇拜阶段，接受建议的过程也受到"光环效应"的影响，因此，咨询者在他们心目中的形象将直接影响咨询的效果。有益的做法有二：一是增强个人修养，注意日常生活的表率作用，避免在学生心中形成不良形象；二是真诚关注，设身处地地感受学生面临的心理困惑，并以此为基础共同寻找解决的策略，切忌以旁观者的身份滥施同情，使学生自尊心受损，导致咨询失效。

5. 兼顾对学生家长及其他方面进行心理宣传

研究表明，学生的心理健康问题与家庭的教养方式和家庭的人际关系有直接或间接的关系，有些甚至是家庭问题的表现和延续。因此，无论是了解学生心理与行为偏异的原因，还是咨询、矫治计划的制订和实施，都需取得家长的积极支持和配合，因此学校心理健康方面的教育要兼顾对学生家长及其他方面的宣传。综上所述，我们可以看到，中学生的心理健康现状是不容忽视的，它为我们亮起了警告信号，作为心理工作者有责任挑起这副担子，并且不能仅仅把工作停留在了解问题，分析问题的水平上，而是要着手尝试去解决这些问题，使心理健康教育具有实际的意义。

总之，从教育面向现代化，面向世界，面向未来出发，国家教委提出"九五"期间基础教育改革的主要目标是由"应试教育"向"素质教育"转换，健康教育就是在这种情况下产生的一门新生学科。引导青少年继承和发扬中华民族的优良传统，树立正确的道德观念、自尊自爱、尊重他人、尊重异性、培养高尚的道德情操，提高自我控制能力、自觉地使生理需要服从社会需要，完善自我的人生观，世界观。

今天的中学生将是我们新世纪的主人。作为跨世纪的一代人，现在必须掌握有关心理健康的知识，逐步完善自己的心理素质，以健康的心态迎接新世纪的挑战。这样，才能成为比以往任何一代人都更健康、更幸福、更和谐、更符合时代要求的有用人才。

初一新生心理健康教育讲座

初一的小同学们，大家好！今天我们给大家做的心理健康教育讲座的题目是"心理适应是一个人最基本的能力"。

同学们，已开学一个多月了，大家经历了军训烈日的考验，认识了新同学，遇到了新老师，同时，也在体会着这个新环境的一点一滴。在这里，老师要问大家，你在实验还好吗？你喜欢你的新伙伴吗？学习还能跟得上吗？开心吗？新的学习环境，新的人生阶段，同学们，你们适应得如何呢？

适应能力是一个人生存必需的最基本的能力，我们都知道适者生存的道理。作为一名初一的新生，可能会遇到这样或那样的问题，如，上课时有同学总也不能集中注意力；有同学在课堂上听明白了老师讲的内容，做题时却不会；有些同学总在下决心，可就是不想学；还有些同学，在进入初中后，思想上一下子放松了对自己的要求，各方面表现不够积极；有很多外地的同学，觉得上初中后，挺孤独的，班里没有一个认识的同学，很无聊，更是分外想家。这些同学，明显都是不太适应的表现。今天我们的讲座希望能帮助在座的同学，拥有一个更有意义、更有成就的初中生活。有一个笑话是这样讲的：一个小朋友问另一个小朋友："为什么你的小妹妹总是整天哭个不停？""这有什么奇怪的呢，要是你也没有牙齿，没有头发，又不会走路，不会讲话，连大小便都要人家帮忙，你也会整天哭个不停的。"其实长大挺好的，人总要自己学着长大，长大才可以干很多自己愿意去干的事，才可以实现自己的理想啊！从小学踏入初中，其实是我们心理学上所讲的"第二次断乳期"，我们知道要让小孩子断奶是很难的，大人们用了很多办法，生怕孩子六七岁了还追着妈妈要奶吃，而所谓的第二次断乳，可想而知也是很不容易的。虽然不容易，但也还是要长大，否则……我想谁也不希望自己一二十岁了，还整天抱着爸爸妈妈的裤脚不放。

那么，如何让自己更适应新的一切？首先，遇到问题不逃避、不埋怨。要知道，困难就是机会。同学们，不知你们熟悉不熟悉非洲的草原：当晨曦来临的时候，狮子早早地醒了，用它强壮有力的身体练习奔跑，因为它知道：没有风一样的速度，便只有挨饿的份儿；而羚羊也清楚地知道：如果它不能快速地奔跑，它也只能面临被吃掉的命运。记住，困难就是机会！其次，要遵守纪律。没有规矩，不成方圆。就如做游戏一样，只有接受规则，才有参加游戏的权利！遵守合理的规则是最强大的力量！给大家讲两个真实的故事：美国一家航空公司的飞机在飞行途中发生故障，紧急迫降在一个空场上。由于迫降过程中机身与地面发生剧烈的摩擦，飞机落地后燃起了熊熊大火，随时都可能爆炸。乘务员打开机舱，让乘客们赶快逃生。或许有人会想，在如此危险的境地中，求生的欲望会驱使遇险的人们不顾一切地冲到舱门，拥挤、踩踏、哭喊、叫骂，乱作一团。然而，并没有，这种想象中的混乱竟然一点都没有。乘客们按照座位号依次走向舱门，没有一个人拥挤，大家一个接一个地滑到地上。那种平静和秩序，似乎这里什么事也没发生一样。有记者采访了这次事件，逃生后的乘客们告诉他："这是规则，任何时候都应该遵守的。如果大家拥挤，情况可能会更糟。"2001年9月11日，这种"排队逃命"的一幕又一次在大洋彼岸上演。当纽约的世界贸易大厦遭遇恐怖分子袭击后，大厦的100多部电梯停止了运转，楼上的人只能依靠楼梯逃生。半个小时后，整座大厦倒塌。其间，一位坐着轮椅的残疾老太太被人从79层高处抬了下来。我没有看到逃生的相关报道，但是这样一位残疾老人的平安脱险，毫无疑问是对当时楼梯上良好秩序的最有力说明，否则，她的逃生则是想都不敢想的事。那么，是什么在左右着世贸大厦楼梯上的人？毫无疑问，肯定还是规则意识在起作用。虽然他们也许压根不知道中国的"雷锋"，但他们知道"规则"，规则意识长年累月的沉淀给了他们一种素养：不管身边发生了什么事，规则都是神圣而必须遵守的，此外别无选择。

由此我们要记住：对于一些规则你要"欣然"接受，主动在心理上消除抵触情绪，欣然接受新制度，不要试图打擦边球。我可以很明确地告诉大家，那是白费力气，是损人不利己的傻瓜才做的事情。因为你如果故意违反规则，你会被排除在团体以外，同学不喜欢你，老师不欢迎你。我们的精力是要用在能使自己更有智慧、更快乐的事情上的。实验中学之所以有今天的成就，有很多因素，归根到底还是我们的学风，是良好的纪律和规则制度营造了这样一种风气。记住，欣然接受它！这样会使你更快乐，高高兴兴地穿上校服、准时到校、推车进门、向老师问好、认真值日，同时，也是对自己控制能力和毅力的培养。当然，如果你是不小心违反了纪律，我希望你能主动负起责任，只要处理好，老师和同学们都会原谅你的。第三，你得给自己树立一个目标。对于新升入中学的中学生，你们已经意识到自己长大了。那么，开始规划人生是一个当务之急的事情，是该考虑自己人生目标的时候了。如果你的目标是太阳，也许你能摘到月亮。有这样一个故事：妈妈在厨房洗碗，她听到孩子在后院蹦蹦跳跳玩耍的声音，便对他喊道："你在干吗？"小孩回答："我要跳到月球上！"妈妈说："好，不要忘记回来喔！"这个小孩后来成为第一位登陆月球的人，他就是阿姆斯特朗。规划人生就是要成为你心中想成为的那个人，目前，社会上的职业有上万种之多，为我们创造了广阔的施展个人才华的空间，而那些在各行各业崭露头角的强者，无不是怀揣梦想，提前规划人生的、有准备的人。也许你现在的想法幼稚，但若干年后，经过努力你真的会成功。人不可无目标，目标不可不广大，它就像人生小船的帆，伴你在人生的海洋里远航。有了大目标，胸怀才会广阔，胸怀广阔了，才能站得高看得远。这样，你的成长和学习才会有不竭的动力、才会拿得起、放得下，才会使人生精彩，才会使生活增色，才不会因成长中的小事而使我们偏离人生的航线，才不会因小的挫折而迷失自我。第四，摸索学习方法，养成良好学习习惯，"给孩子一千万，不如给他一个好习惯"，现在社会上很多励志书都在说："优秀是种习惯""致富是种习惯""成功是种习惯"……你到中学来学习什么？ABCD还是XY定律？或者是古文、生物、地理、政治？我说都不是，这些用不了十年，你会忘记其中的80％。一个学生成功的标准是，通过学习的过程，能磨炼出顽强的意志品质，培养出强烈的责任感、自制力、自信心。这样的学生，即使考不上大学，人生也会成功。第五，主动处理好人际关系，主动与同学交往，主动为班集体做贡献，主动处理好和老师的关系。小学时我们往往对教师充满了敬畏和敬仰，而到了中学以后，很多孩子都以为自己长大了，他们逐步学会了自己独立思考，独立寻找解决问题的办法，不再像小学生那样盲目地顺从老师。还有一些孩子对老师越来越挑剔了，甚至会因为和老师产生一点小误解而怨恨老师，对老师产生抵触情绪。同学们，我们应该明白：没有人生来就应该为你付出什么。人们（包括父母和师长）对你付出这般的爱，是因为他们有责任感，他们善良，他们拥有一颗仁爱之心，他们希望这世界因自己变得美好起来。如果你享受了别人的优待和关照，就要心存感谢。若是你对此忽略，那你永远也不会懂得"爱心"的真谛，也不配得到这一切。你们也要学会关心他人，让别人因为自己的存在而感到幸福。作为家庭的一员，我们每一位同学应该让家人少一些担心，多一些幸福！争取每一天都把欢乐带回家，让父母天天感到幸福！让自己成为父母的骄傲！作为班级的一员，我们每一位同学都应该做好自己的事情，自己发展了、进步了，我们才能更好地帮助别人。我们在班级的所作所为，不能违反班级常规，不能给别人带来不便，别人有困难，我们应该主动伸出援助之手；主动地、保质保量地完成每一次作业，你就减轻了课代表的负担；课后及时复习巩固知识，每一次作业书写认真、正确率高，老师面对你的作业会感到满意和欣慰，这样你就给老师带来了幸福。作为社会的一员，我们应该遵守社会公德，珍爱生命，远离毒品，遵守交通规则，有良好的卫生习惯和文明礼仪，乐于助人等等，别人就因为你的存在而感到幸福！你还要懂得爱护自己，当自己不快乐时，被某种情绪困扰不能自制时，要寻找办法改善、解决，然后坚定地做有意义的事，这样就够了。

亲爱的同学们，愿大家在实验这个新天地里，逐渐成长、成熟起来，在老师的指导教育下，在同学团结协作的氛围里，在各个方面能有丰厚的收获，使自己成为一名有用之才。

第二辑

一

深耕细研

初中古诗词赏析方法探究

在初中古诗文学习中，一直存在着古诗词不好教的问题。但所幸的是，不少的老师为此作了不懈的努力，成绩也是斐然的。因此，作为一名老师，在教学实践中，要在古诗词赏析方法方面多潜心研究，以引导学生借助方法赏析、理解古诗词内容。

一、未雨绸缪抢占先机（第一阶段）

所谓"未雨绸缪抢占先机"就是要学生在学习诗词之前做好充分的准备。说白了就是预习。好的开始是成功的一半。要求学生积累所学的古诗词，并把关于古诗词的作者的生平经历尽可能详细地找出来，要做好准备工作。

二、诗读百遍其义自见（第二阶段）

学诗词当然要从读开始，教师应重视这一环节，所谓"熟读《唐诗三百首》，不会作诗也会吟""三分诗七分吟"，可见诵读是培养感受力的一个重要方面。在课堂中，要尽可能让学生多读，通过读去体味诗词中的韵味。当然，教师必须对学生进行朗读的指导。而指导朗读时应注意强调以下几点：一是要学生在朗读时放得开，尽情投入；二是要读出诗词的节奏，当然老师要讲解一些关于节奏的知识，如从音节和意义上划分，五言七言朗读的一般规律等等；三是要融入感情，读出作者要表达的情感。当然这也要随感受力的提高而逐步形成。相信在读之中，学生定能对诗词有一定的感悟。

三、一读一问循序渐进（第三阶段）

常说多读古诗词有着重要的作用，但若我们在读的过程中，给予学生一定的指导，相信读的效果会好很多。在教学中，可以采用一读解决一问题的模式。例如，一读诗词，读准音；二读诗词，读出节奏；三读诗词，弄清诗词意；四读诗词，抓住"诗眼"；五读诗词，体会意境；六读诗词，体会情感……这样，能使教学显得思路清晰，有条不紊，也较容易激起学生的学习兴趣。由于设计的问题是逐步深入的，符合由浅入深的认知规律，所以能够得到较理想的课堂效果。

四、学法渗透举一反三（第四阶段）

学无定法，但贵在得法。只要把学习古诗词的方法掌握好，就能达到一个较理想的自主状态。所以在教学诗词时，要时时进行学法的指导渗透，以求学生在潜移默化中灵活掌握方法。解决问题，尽量让学生活学活用。当每一次利用一首诗词完整地讲完方法时，就要求学生根据老师的方法举一反三，自学一两首诗词，圈点批注、质疑，然后师生合作探究，进行互动、讨论。

五、改变体裁想象体会（第五阶段）

古诗词的语言非常精练，可说是字字珠玑。但对于初中生，他们都迫切地需要了解诗词意，明白诗词的字面意思。他们就认为翻译成了必不可少的环节。对于这一点，在教学时也应依实际进行，简单的翻译是枯燥的，学生也很难进入意境，所以要花更多的时间去指导学生，让学生发挥想象，对古诗词进行体裁的改变，用散文化的语言把诗词中所描写的东西改成一篇优美的散文，通过对改变后的散文体会，再对照原诗进行对照品读，讲解诗词语言的特点。学生也就能突破狭窄的诗词意空间，得到另一番美的享受、美的熏陶。

六、动手画画其乐无穷（第六阶段）

常言"诗如画"，的确。如"明月松间照，清泉石上流"就是一幅清幽静谧、令人遐想的美景！诗情画意，尽在其中。根据古诗词的这一大特点，在教学中要常让学生根据理解，发挥想象，把自己认为最好的图景用他们的笔表现出来。如学习《次北固山下》一诗时，学生用绿粉笔画下了青山、绿水，用红粉笔画出了一轮从海面升起的红日，绿水中，一只挂帆小舟顺风漂行，诗人站立船头，仰望北归的大雁……通过画画，学生兴趣进一步得到提高，同时他们根据所画的画进行背诵，效果极好，真是一举两得。

古诗词鉴赏能力的提高绝非朝夕之功，必须在提高兴趣的基础上反复涵泳、咀嚼体味、品味语言、分析形象、把握主题；必须弄清与诗词有关的一些术语，必须反复历练，规范答题语言，准确简洁地答题，就会有较大的收获。

初中语文教学中情感教育的重要性与策略研究

在初中语文教材中包含大量优秀传统文化经典，也包括大量的人文教育素材，可以熏陶学生的思想，洗涤学生的心灵，有助于初中生和谐发展。在初中语文教学中应用情感教育，可以最大限度发挥语文学科的教育价值，提升学生的思想道德修养与审美情趣，促使学生逐渐形成良好的个性和健全的人格。可见，情感教育在初中语文教学中占有重要的地位。

一、初中语文教学中情感教育的重要性

（一）情感教育对学生的发展和成长有促进作用

情感教育能够促进学生的全面发展和健康成长。初中学生正处于生理、心理发育的关键时期，情感教育可以为他们提供一个良好的情绪引导和自我调控的平台。通过接受情感教育，学生能学会表达自己的情感，增强自信心和自尊心，培养积极向上的人生态度和价值观。这种情感的培养将有助于学生树立正确的人生目标，提高学习的积极性和主动性。

（二）情感教育对语文学科的学习效果有提升作用

语文是培养学生综合素质的基础学科，而情感教育是培养学生情感态度和情感能力的有效方式。通过情感教育，学生可以更好地理解和欣赏文学作品中所传递的情感信息，更加深入地理解和把握语文知识，从而提高语文学科的学习效果。同时，情感教育还能激发学生学习语文的兴趣，增强他们的阅读理解能力和写作表达能力。

（三）情感教育有利于培养学生的情绪管理能力和人际交往能力

初中生在成长过程中常常面临着来自学业、家庭、同伴等方方面面的压力和挑战，情感教育可以帮助他们正确处理自己的情绪，提升情绪管理的能力。通过情感教育，学生可以学会调节情绪、缓解压力，培养积极向上的心态和良好的心理素质。

二、初中语文教学中情感教育的策略

（一）强化教学中的情感共鸣，在学习中感受情感

在初中阶段的语文课程教学过程中教师需要以教材内容为主要讲解中心，通过对文章、诗词的阅读、理解、归纳和总结向学生们展示教学内容的思想、观念以及情感。而实际的教材内容都是以能够更全面的、更细致的、更富有情感的内容为教学任务而服务。因此，在教学过程中教师都会以教材内容为依据向学生传递文章的内涵和情感，从而在教学过程中帮助学生建立情感共鸣，让学生在学习的过程中感受情感、建立情感、完善情感。

（二）利用多媒体技术创设趣味情境，在阅读中渗透情感教育

语文情境教学注重情感体验和价值观培养，情境的有效创设，可以使学生在情境中体验、感受、思考并且获得相关的语文知识，从而实现知识的渗透和应用。通过情境的创设和情感的引导，可以使学生在学

习中体验各种情感，培养学生的道德、美学和人生价值观念。通过阅读情境创设能够改善学生阅读感知力，思维也会变得灵活。科技改变教育是目前一线教师所达成的共识。多媒体技术带来的教育元素具有多向性，比如，可以带入情境元素，学生通过多媒体化的情境学习可以陶冶情操，提升自己的文化意识，让学生能够对文章的精彩描写产生一定的向往。其语文思维也在情境中得到锻炼，在画面与声音融合的情境感受下，学生对课文的理解也在不断加深。因此，多媒体技术的深度融合，可以为学生带来富有生机的学习环境。

（三）关注课前导入，营造浓厚情感氛围

俗话说，良好的开始是成功的一半。教师在初中语文情感教育实践探索的过程当中，应该牢牢地将目光聚焦于课前导入环节。在这一环节中，教师营造浓厚的情感氛围，激活学生的情感因子，调动学生的情感认知，则能够让学生的思维活起来，也能够让课堂热闹起来，由此为后续的教学活动打下坚实、稳固的基础。基于此，教师在推进情感教育的过程当中，首先应该加强对文本内容的分析、解读，关注学生的学习兴趣，了解学生的实际学习需求，对症下药，才能够找准情感教育的切入口，营造浓厚的情感气息，创造良好的情感氛围，让学生以饱满的热情、浓厚的兴趣参与探索学习，使得情感教育达成事半功倍的效果。

（四）联系生活实际，激活情感潜力

语文学科具有人文性、工具性等特征，本身与生活具有密切的联系，语文创作源于生活，学习语文的主要落脚点则是回归生活，运用于生活。基于此，教师在情感教学的过程当中，应该注重生活教育资源的运用，创设生活情境，打造生活化课堂，既能够让沉闷、枯燥的课堂氛围变得生动、愉悦，缓解学生对语文学习的排斥、抗拒情绪，同时教师基于学生已有的认知水平、生活经验推进情感教育，能够激活学生的情

感潜力，让学生将自己的生活体验、感悟、感知融入语文学习当中，带给学生更多的情感启发、情感启迪，真正意义上让情感教育入脑、入耳、入心。

（五）引导学生进行情感反思和情感表达

第一，鼓励学生进行情感体验和情感交流。在教学过程中，教师应该鼓励学生主动进行情感体验和表达，并给予他们充分的时间和空间去感受和表达自己的情感。教师可以提出一些深入的情感反思问题，引导学生对自身的情感进行思考和探讨。教师还可以组织学生之间的情感交流，让他们学会倾听和理解他人的情感，培养他们的同理心和沟通能力。第二，提供多样化的情感表达方式和工具。为了让学生更好地表达自己的内心情感，教师可以提供多样化的情感表达方式和工具。例如，写作、绘画、音乐、戏剧等艺术形式都可以成为学生表达情感的载体。教师可以引导学生选择适合自己的表达方式，并提供相关的指导和支持。

（六）利用教学情境体会情感内涵

教学情境贯穿于语文教学的各个环节，在初中语文情感教学的过程中，教师也应该紧紧依托教学情境，为学生创设生动、真实的情感环境，从而深化学生情感的体验。分析初中语文教材，其中包括很多描写风景、描绘祖国大好河山的课文，还包括大量描写亲情、友情的佳作，这些素材中包括大量的情感教育因素，对初中生人格的完善以及正确三观的培养意义深远。通过生动的情境，可以强化学生的学习体验，能够在短时间内引发学生的情感共鸣，使学生可以快速进入课文想要交代的情感环境中，这对深化情感教学，提升学生情感体验有着非常积极的作用。

在新课程改革不断深入的今天，情感教育呼声越来越高，情感教育在学生认知发展、创造力、健全人格方面都具有深远意义。因此，需要初中语文教师给予更多关注。初中语文教师应该积极开展情感教育，将情感教育渗透到语文教学的各个环节中，通过对学生情感引导，让学生情感更加健康、积极地发展。当今社会鱼龙混杂，拥有正确的三观、极强的自信心，可以帮助学生成为生活的强者，通过情感教育传播正能量，为初中生的健康成长保驾护航。

参考文献

[1]王丹丹.初中语文教学中情感教育的重要性与策略研究［J］.作文，2020（36）.

[2]王媛.初中语文教学中情感教育的开展策略探究［J］.中华活页文选（教师版），2022（8）：60-62.

初中语文大单元整体教学的思考与尝试

在新时代的背景下，初中语文教学正经历着前所未有的变革。传统的语文教学方式，多以知识点的灌输和记忆为主，这种方式往往忽视了对学生整体素养及综合能力的培养。然而，随着教育理念的不断进步，初中语文大单元整体教学崭露头角，为语文教学注入了新的活力。

大单元整体教学，顾名思义，是以整个单元为核心，将教学内容进行巧妙的整合与重构。它不仅关注知识点的传授，更重视知识之间的内在联系和整体性，从而使学生能够更全面、更深入地理解和掌握知识。这种教学模式的推行，旨在提升学生的综合语言运用能力，进一步夯实他们的语文素养。可以说，初中语文大单元整体教学是新时代语文教学改革的一大亮点。它不仅有助于克服传统语文教学的弊端，更能够有效地提高学生的语文水平和综合素养，为他们未来的学习和生活奠定坚实的基础。

一、大单元整体教学的理念

大单元整体教学，这一理念深深植根于以学生为中心的教育思想之中。它强调的是以任务为驱动，整体为目标的全新教学模式，这要求教师必须在教学设计之初，就从宏观的角度全面把握和理解教材内容。教师需要将琐碎的知识点、能力训练的重点，以及情感教育的要点巧妙地融合在一起，构筑成一个内容丰富、结构完整的教学单元。

在这一教学模式下，学生的主体地位被凸显出来。教师不再是单纯的知识传授者，而是成为学生学习路上的引导者和助力者。通过精心设计各种富有挑战性的任务和活动，教师能够激发学生的探索欲望，促使他们积极投身于学习的海洋中。这样的教学方式，不仅有助于学生将所学知识内化为自己的能力，更能在实践中不断锤炼和提升他们的各项技能。

大单元整体教学并非简单的知识灌输，而是一场以提升学生综合素养为核心的教育旅程。它让学生在完成任务的过程中，不仅收获了知识，更培养了解决问题的能力、团队协作的精神和创新思维的能力。这样的教学模式，不仅为学生提供了更广阔的学习空间，也为他们的全面发展奠定了坚实的基础。因此，大单元整体教学不仅仅是一种教学方法，更是一种教育理念，它旨在培养具有全面素养的未来之星。

二、初中语文大单元整体教学的实施策略

（一）整体把握教材内容

在实施初中语文大单元整体教学时，教师必须对教材内容进行全面而深入的剖析。这要求教师能够细致地探寻各个单元之间的内在联系与差异，准确把握每个单元的特质及其在整个教材中的定位。同时，教师也要敏锐地捕捉到单元之间的共通之处，以便在教学中进行有机的串联与整合。

除了对教材的深刻理解，教师还需充分考虑学生的实际学习情况和认知发展特点。这意味着，教师在设计教学内容时，应根据学生的接受

能力和兴趣点，对教材内容进行灵活调整和补充。这样的调整不仅能使教学更加贴近学生的实际需求，也能确保教学的针对性和实效性。

总的来说，大单元整体教学的实施，需要教师以全局的视角审视和处理教材内容，同时结合学生的具体状况进行个性化的教学设计。通过这样的策略，教师能够更有效地引导学生掌握语文知识，提升他们的语文应用能力，从而实现初中语文教学的整体优化。

（二）设计综合性教学任务

在大单元整体教学的框架下，教师需要精心设计教学任务，这些任务应具备综合性、实践性和创新性。综合性任务不仅要求学生掌握和巩固所学的知识点，更强调对学生综合能力的培养，以及对他们进行情感上的熏陶。这样的教学任务，旨在引导学生将课堂所学与实际生活紧密相连，通过实践操作来深化对知识的理解与应用。

学生在完成这些综合性任务的过程中，能够将课堂上学到的语文知识进行综合运用，这种跨学科的融合与实践，不仅锻炼了他们的思维能力，还极大提升了他们解决实际问题的能力。这种教学方式，不仅有助于学生对知识的全面理解和吸收，更能够激发他们的创新思维和实践能力，从而培养他们的综合素养。因此，设计综合性教学任务是大单元整体教学中的重要环节，它不仅能够检验学生的学习成果，更能够促进学生全面发展，提高他们的综合素质。这样的教学策略，不仅使语文教学更加生动有趣，也为学生提供了一个更加广阔的学习与成长空间。

（三）注重学生的主体地位

大单元整体教学不仅是一种教学模式，更是一种教育理念，它特别强调了学生在教学过程中的核心地位。在这一理念指导下，教师的角色转变为引导者和促进者，通过各种教学策略，如引导、启发和激励，来点燃学生的学习热情，激发他们的主动性和探索欲。

在教学过程中，教师需要细致观察并深刻理解每位学生的独特性和差异性。每个学生都是独一无二的，他们的学习方式、速度和兴趣点都有所不同。因此，因材施教成为关键，这意味着教学方法和内容需要灵活调整，以确保每位学生都能在各自的基础上实现成长与进步。

这种以学生为中心的教学方法，不仅有助于提升学生的学习效果，还能培养他们的自主学习能力和批判性思维。当学生的个体差异被充分尊重和理解时，他们更有可能在原有的知识基础上实现突破，体验到学习的乐趣和成就感。因此，在大单元整体教学中，注重学生的主体地位，正是实现高质量教学的关键所在。

（四）加强评价与反馈

在大单元整体教学中，评价与反馈环节显得尤为重要。教学评价不仅是衡量学生学习成果的手段，更是优化教学方法、提升教学质量的关键。因此，教师需要构建一个多元化的评价体系，这个体系不仅要关注学生的学习结果，更要重视他们在学习过程中的表现和努力。

过程性评价能够实时跟踪学生的学习进度，及时发现问题并作出调整，而终结性评价则是对学生一个阶段学习成果的全面检阅。将这两者有机结合，可以更全面地评估学生的学习状况。同时，教师还需及时反馈学生的学习情况。这种反馈不仅应包含对学生学习成果的肯定，更应指出他们在学习中存在的不足，并给出具体的改进建议。通过这样的反馈，学生可以更加清晰地认识到自己的长处和短处，从而明确下一步努力的方向。

因此，加强评价与反馈是大单元整体教学中不可或缺的一环，它不仅有助于提升学生的学习效果，还能促进教师教学方法的改进，最终实现教学质量的整体提升。

三、初中语文大单元整体教学案例剖析

在初中语文的大单元整体教学中，我们以"古代诗歌"单元为例，来详细剖析其实施步骤。这一教学模式要求教师先对教材内容进行整合，把相关的古代诗歌内容归纳成一个系统的教学单元，这样做有助于学生对古代诗歌有一个整体的认知。

设计教学任务是接下来的关键步骤。教师需要结合古代诗歌的艺术特色与学生的认知水平，精心设计出既能吸引学生兴趣，又能达到教学目标的任务。例如，"赏析古代诗歌的美"和"探讨古代诗歌中的意象与意境"等教学任务，旨在引导学生深入理解古代诗歌的韵味与内涵。

为了让学生更加积极地参与到学习中来，教师可以组织丰富多彩的实践活动。比如，古代诗歌朗诵比赛能够锻炼学生的语言表达能力，而诗歌创作活动则能激发学生的创造力，提升他们对诗歌的鉴赏水平。

最后，教师应鼓励学生进行自主探究。这意味着，学生可以根据自己的兴趣选择特定的古代诗歌作品，进行深入的研究，并撰写研究报告。这样的学习方式不仅能培养学生的研究能力，还能通过分享交流，拓宽他们的视野，增进对古代诗歌多元化理解的深度与广度。通过这样的案例剖析，我们可以看到，大单元整体教学在初中语文"古代诗歌"单元中的应用，能有效提升学生的综合语文素养。

四、初中语文大单元整体教学的效果与反思

经过一系列的实践与探索，初中语文大单元整体教学已展现出其独特优势和显著成效。在这一教学模式下，学生们对语文学习的兴趣和主动性有了明显的提升。他们不再将语文学习视为枯燥的文字记忆，而是在综合性的学习任务中，积极运用所学知识，从而提高了自己的综合语

言运用能力。这种教学模式不仅让学生们更加深入地理解和掌握语文知识，还培养了他们的思辨能力和创新精神，使得他们的语文素养得到了全面的提升。

与此同时，教师在实践大单元整体教学的过程中，也收获颇丰。他们的教学理念和教学方法得到了及时的更新和转变，更加注重学生的主体地位和实际需求，从而提高了教学质量，实现了教与学的双赢。然而，任何教学模式都不可能完美无缺。在实践中，我们也发现了一些问题和不足。部分教师在理解和应用大单元整体教学理念时，仍存在一定的差距，导致教学设计不够精细，影响了教学效果。同时，部分学生在面对新的学习模式时，自主学习能力有待提高，需要教师在教学过程中给予更多的关注和引导。针对这些问题，我们将进一步加大研究和实践力度，努力完善和优化大单元整体教学模式，以期在未来的教学实践中取得更加丰硕的成果。

初中语文大单元整体教学，无疑是一种与新课程改革理念高度契合的教学模式。它不仅有助于提升学生的综合素养，还能够有效推动语文教学质量的全面提升。通过深入剖析和整体把握教材内容，教师能够更准确地把握教学的重点和难点，从而设计出更具针对性的教学方案。而综合性教学任务的设置，则让学生在探究与实践中深化了对知识的理解，锻炼了他们的综合能力。

在这一教学模式下，学生的主体地位得到了充分的体现。教师不再是单纯的知识传授者，而是转变为学生学习路上的引导者和支持者。这种角色的转变，极大地激发了学生的学习热情，让他们在主动探索和互动合作中实现了自我成长。同时，加强评价与反馈机制，使得教学更加贴近学生的实际需求，有助于及时调整教学策略，确保教学的有效性。尽管在实践中，我们仍面临着诸多挑战和问题，如如何更精准地设计教学任务、如何更有效地激发学生的学习兴趣等，但正是这些挑战，激励着我们不断探索和创新。

我们有理由相信，只要我们持之以恒地深入研究和实践，大单元整体教学定能在初中语文教学中发挥出更大的作用，为学生的全面发展奠定坚实的基础。这种教学模式不仅将提升语文教学的质量和效果，更将为学生的未来成长开辟出更广阔的道路。

参考文献

［1］袁爱国.初中语文单元整体教学的困境与路径［J］.教育研究与
　　评论（中学教育教学），2023（11）：12-19.

［2］袁麟如.要强化整体观念：关于初中语文单元教学的思考［J］.
　　现代中小学教育，1990（2）：2.

初中语文教学中传统文化的渗透研究

　　语文是人与人之间沟通的桥梁，也是文化的传承载体。在语文教材中，"独在异乡为异客，每逢佳节倍思亲""举杯邀明月""把酒问青天"等都是传统文化的体现。所以，作为传统文化传承与弘扬最为重要的载体之一，初中语文教学应担负着渗透传统文化，将传统文化发扬光大，深化学生对传统文化的理解等重任，积极采取有效措施、将传统文化渗透到语文教学活动全过程，培育学生形成深厚的人文底蕴、养成博大的民族情怀。

一、初中语文教学中的传统文化内容概述

　　语文教材作为传承中华优秀传统文化，弘扬中华优良美德的重要载体，其中所承载的传统文化内容是语文教学活动开展、教学大纲拟定的重要依据，也是实现在语文教学中渗透传统文化，开展传统文化教育活动的关键性因素。初中语文教学中蕴含的传统文化内容，最基本也是最重要的便是"中国文字"，是体现我国社会文明发展的重要标志，是体现中国传统文化与传统文化内涵最直接的方式之一，也是传统文化精神表述的重要依据。初中语文教材中所呈现的"诗、词、曲、赋、散文"

等经典文学作品，都是中国传统文化的一种体现，承载着我国悠久历史发展进程中极为重要的精神文明理念与精神财富，是传统文化的精髓所在。在初中语文教学中渗透传统文化，让学生通过学习初中语文教材中蕴含的经典文化内容，可使其充分感受到传统文化所蕴含的魅力，了解到我国历史文明的意义与伟大，从而形成自主传承传统文化的优良美德。另外，初中语文教材中创作的《孙权劝学》《木兰诗》《陈太丘与友期行》等课文，包含着我国传统文化最主要的精神文明，也就是"礼仪"，这精神文明的存在，对于提升初中学生社会交际能力，培养其良好道德品质有着极其重要的帮助，是传统文化内容渗透最有价值的一种体现。

二、国内初中语文优秀传统文化教学现状

在当前的初中语文教学中对优秀传统文化教学的渗透情况并不全面。在庞大教学压力以及教学任务的影响下，教学中教师仍旧以完成教学目标为主，对学生的优秀传统文化渗透则作为非必要选择，间歇性地作为教学需要进行补充。学生只能接收到一部分的文化熏陶，在个人的综合素养全面发展上存在些许不足。并且教师的教学方法是否具有创新性、趣味性、灵活性，都直接影响着学生对语文以及文化学习的观感，对自我意识强烈的初中生而言，教师的权威性将逐渐丧失，由此而产生的教学影响相比小学阶段由于教师方法不当导致的教学效果更加低效。

三、初中语文教学中优秀传统文化的渗透策略

（一）教材渗透，循序渐进

初中生普遍都有较强的追求新鲜事物的好奇心与求知欲，对于潮流文化与网络文化等新事物接受度相比优秀传统文化要高。且部分学生认

识存在片面性，也容易由于传统文化中的一些糟粕而以偏概全完全厌弃学习优秀的中华传统文化。所以就需要教师结合初中生的特殊心理与学习发展特点，先借其最熟悉的教材作为突破口，循序渐进改变学生的观念，努力激发学生的兴趣让其逐渐喜爱与主动学习优秀传统文化。

（二）关注中国传统节日，利用传统节日实现传统文化的渗透

利用中国传统节日，实现对传统文化的传承与开展传统文化教育，可利用语文研究性学习或综合性学习的教学方式，通过挖掘春节、端午节、中秋节、重阳节等传统节日蕴含的深厚传统文化元素，进行传统文化教育。并在此过程中，事先安排一个较长的周期，让学生从查询资料到实践体验，在实践体验中学习语文和传统文化知识，在营造节日氛围的过程中去探究、去体验、去感受独特的民族风情与精神文化内涵，以起到良好的文化传承作用。例如，在端午节即将来临之际，为增进学生对端午节的深刻理解，而并非仅停留在片面的理解，让学生感受乡土文化的独特魅力，初中语文教师可引导学生以小组合作的形式，组织开展以"传统节日——端午节"为主题的综合性学习活动，让各个学习小组分别调查研究端午节的地方习俗与活动形式、各地端午节的民俗特色、有关于端午节的诗词歌赋、端午节的起源传说等。并进行收集、整理，在上课时发表演讲，陈述自己对端午节背后蕴含的传统文化大意的了解，讲述关于端午节的趣事等，以便增进对传统节日——端午节的了解，实现传统文化在初中语文教学中的渗透。

（三）关注整体，全面渗透

教师不仅要让学生产生主动学习的兴趣，还要重视发挥优秀的中华传统文化在语文教学、审美培养、德育发展等各个方面的育人价值，因此在实际教学中也应根据学生需要从多角度进行启发和引导，实现有效的全面渗透。

总而言之，教育是促使中华传统文化得以广泛传承，发挥其真正教育价值与作用的重要手段之一，是培育出更加优秀的中华儿女，营造健康、和谐社会风气的主要途径。因此，传统文化应大力渗透初中语文教学的全过程，加深青少年对传统文化的了解和认识，帮助学生认识传统美德的重要性，进而树立健康人格，学会修身自省，谦虚好学的良好品质。初中语文教师的职责就是要通过在教学中全方位地渗透优秀的中华传统文化，在初中生的内心不断淬炼和巩固优秀的文化内核，增强文化自信，以此促进其情感、德育、智力、三观、实践能力等各方面素质的发展与培养，才能不断经受住现代纷繁复杂多元文化的千锤百炼，最终拥有更多在今后成为担当中华民族伟大复兴的时代新人的无限可能。

参考文献

［1］王畅.初中语文传统文化教学探析［D］.信阳：信阳师范学院，2017.

［2］卢夏夏.初中语文教学渗透传统文化教育的研究［D］.桂林：广西师范大学，2017.

［3］李爱先.初中语文教学中传统节日文化渗透德育的研究［D］.烟台：鲁东大学，2016.

"对初中生心理健康问题的思考与对策研究"结题报告

一、课题提出的背景、意义

中学时期是人生成长的重要阶段，是心理健康发展的关键时期。然而，在现代社会，科学技术迅猛发展，国际竞争日益强烈，家庭教育逐渐弱化，这些给中学生们带来了进步与快乐，同时也带来了困惑与彷徨。不少的中学生不同程度上存在各种心理困扰，影响其健康发展。青少年的心理健康水平，不仅关系到自身的全面发展，而且影响到全民族的素质水平和精神文明程度。因此，加强初中学生心理健康教育工作，既是学生自身健康成长的需要，也是社会发展要求对人的素质提升的需要。

作为教育工作者，如何根据学生的心理状况有效地培养和提高学生的心理素质呢？为此，我们对中学生的心理健康问题进行了初步的调查研究。

二、课题研究的思路、方法

（一）研究思路

以西吉实验中学学生为研究对象，重点以九年级19—20班学生为主。采用切合实际的思路，如，访谈—调查—分析—研究—实践—总结—研究，以此积累经验，掌握基本情况，并有的放矢地提出相应的教育对策。

（二）研究方法

本课题研究可采用以下方法：

1. 访谈法

即通过有目的地与调查对象直接交谈来获取信息方法。主要由被调查者提供信息。我们主要利用心理咨询室，通过专门的老师和心理有问题的学生进行交谈，了解心理问题产生的原因，并指导消除心理问题的方法。

2. 问卷调查法

在研究过程中，我们设计了"西吉县实验中学九年级15—20班学生心理教育调查问卷"，以问卷调查结果来了解学生不同程度上存在的心理问题。

3. 个案研究法

主要选择实验中学九年级一小部分学生，通过跟踪调查，了解学生的心理状况、家庭、个人表现、学习等情况，进行教育疏导。

（1）采用与研究对象谈话、问卷及访谈的形式，了解学生的现状及心理需求。

（2）采用家访的形式，与学生家长交流沟通，了解孩子在家日常生活表现，跟踪调查，分析研究。

（3）对个别表现特殊的学生案例进行剖析，并开展专题研究。

三、课题研究目标

通过课题研究，了解我校中学生心理健康状况。并针对学生心理健康状况，有计划、有步骤地去研究分析心理问题及问题的成因，以引起我校学生对心理健康的重视，并在此基础上，开展对初中生心理健康问题解决策略的研究，以消除部分初中生存在的心理问题和心理障碍，并形成有本校特色的心理健康教育体系。

四、课题研究过程

（一）过程计划

（1）开题报告、分工计划。

（2）查资料并多方面了解，着手问卷调查。

（3）实施问卷调查，访问班主任和家长。

（4）针对一些问题讨论。

（5）深入了解问题，并针对问题查资料。

（6）调查数据，统计分析。

（7）针对数据统计与资料信息，提出改进意见。

（8）整合调查结果。

（二）调查对象及方法

以九年级15—20班的学生为调查对象（总人数：462人）。以调查问卷的形式，从人际关系、兴趣志向、抑郁焦虑心理、与异性交往、敌对心理等方面，对初中学生心理进行"把脉"，并对结果进行统计分析。

五、课题研究结果

（一）中学生心理问题现状、形成原因、应对策略

现状一：有24.2%的学生，情绪不稳定，喜怒无常。有22.4%的学生，心理承受力薄弱，缺乏自信，难以面对挫折，自我调控能力差。有24.6%的学生，心理抑郁、封闭、自卑。有18.2%的学生，做事不考虑后果，遇事常产生冲动情绪，时常发生打架、骂人、说谎等一些不良现象。

形成原因：主要是因为中学生的年龄一般在13—18岁，属"青春期"阶段。这个时期，初中学生在生理和心理上发生着急剧的变化，正处于生长的关键时期。也正是让家长、老师操心的时候。身体发育迅猛，内心充满了矛盾，他们表现出了强烈的独立自主的意识，希望摆脱成人的约束，要求自己的事自己做主。他们情感意志、个性发展还不成熟，承受挫折的能力还比较低，容易走极端，一旦受挫就垂头丧气，失去信心。同时，因为中学生正处于青春成长的关键时期，身心发展不平衡，性发育趋向于成熟，而心理发育却比较滞后，容易使学生迷乱、恐惧、不知所措，情绪不够稳定，有的学生好感情用事，考虑问题不够周全，遇事不冷静，会出现偏激行为。有的学生渴望得到别人的尊重，争强好胜，以各种方式表现自己，一旦得不到这种尊重，就会出现不当的行为。打架斗殴、骂人、寻衅滋事，去满足心理需求。更为严重的是，甚至有个别学生出现了轻生的念头。如，九年级学生马军（化名），是一个学习成绩不好，也不遵守纪律的学困生。他在访谈中就讲述了自己在学校得不到老师的认可，同学的帮助，回到家中，还常被家长数落。因此，心里苦闷无法发泄，于是就破罐子破摔，常挑衅同学，打架斗殴，上课与老师顶嘴，不遵守课堂纪律。常以不佳表现寻求自己心理满

足感。

应对策略：①开设心理交流咨询室，培养健康心理。因为中学生所处的年龄的特殊阶段（13—18岁），决定了他们内心充斥着多种矛盾和冲突性。如果种种矛盾和冲突长期得不到解决或发泄不出来，势必会使学生产生心理疾病，因此，我们在学校要开设心理咨询室，面向学生开放，鼓励学生将心里的困惑说出来，向老师咨询，寻求解答。并让学生将内心的不满和矛盾情绪发泄出来，把烦恼说出来，在老师指导下，解答学生心中的困惑，让学生甩掉心中的包袱，轻装上阵，以促进学生心理健康的发展。除此之外，还可以设宣泄室、宣泄墙等，使学生无拘无束地将心中的不满情绪发泄出来，培养健康心理。如，针对马军同学的行为，我们利用三个课外活动时间，将他请到了心理咨询室，和他进行了谈话交流，了解了他心里的想法，并请来班主任老师，一起对他进行心理疏导教育，收效良好。后来，他开始在班里做好事，帮助同学打扫卫生，课堂上也积极回答问题，成绩提高很快。这个之前被老师和家长认定考不上的学生，竟然以445分的成绩中榜了。②以课堂为主阵地，培养学生健康心理。陶行知先生说过："千教万教，教人求真；千学万学，学做真人。"可见如何做人应是教育教学中的一个重要环节。抓住课堂教学这个主阵地，来培养学生的健康心理，是心理健康教育的基本出发点。我们针对九年级部分学生学业负担重，升学压力大及青春期变化所导致的心理矛盾冲突，让心理健康教育走进课堂，在学生学习心理健康知识的同时，教师可采用合理的情绪疗法、认知行为疗法、音乐疗法、换位思考法等进行及时的心理疏导，帮助学生释放压力，解决心理冲突。另外，还可以利用语文、英语的课外阅读课，教会学生解决和应对各种问题的策略，培养健康心理。在课堂上，还可以通过提问或小组活动竞赛，从积极的心理角度给予学生更多的肯定和鼓励，增强他们的自信心，使学生学会处理和应对自己的心理问题，提高生活和学习的质量。③为初三学生开设考前心理释压健康教育讲座，帮助学生减轻考试带来的焦虑不安，消除考前失眠等症状，提高自我调节心理适应的能力，促进心理健康发展。

现状二：有48.5%的学生，常想逃学，学习注意力不集中，记忆力衰退，思维呆滞。在考试中产生焦虑情绪，有时出现作弊现象，成绩不够理想。

形成原因：①社会原因：首先是社会评价体系不科学，应试教育追求升学率的弊端和择校所带给中学生的压力。其次是社会理想与信念的缺乏，中学生缺少精神支柱。②学校原因：主要是由于课业负担过重，考试频繁，升学压力太大，学生整日忙于题海之中，得不到合理的休息，长期处于疲惫和压抑状态而无法自拔。加之许多教师又缺乏心理教育经验和方法，不会对学生进行心理健康疏导，使学生产生考试焦虑症、强迫症等心理疾病，从而影响学生心理素质的正常发育。比如，有的学生考试时，怕成绩考不好，会被家长责备，挨老师的批评，被同学嘲笑，心里恐惧焦虑，就想方设法作弊。③家庭原因：当代家长对子女期望值过高，希望自己的孩子能以名列前茅的超高成绩，光宗耀祖。也由于"代沟"的存在，缺少亲子之间的沟通与理解，孩子的心理矛盾不能及时消除，使孩子心理畸形发展。再加之家长教育方式的不当，或粗暴简单，打骂无常，或溺爱有加，娇惯无度，孩子任性，家长不能及时对其进行心理疏导，自然会产生心理问题。如，有的学生本身学习基础差，又因为智力因素，接受能力低。由于家长对其期望值高，而孩子成绩又赶不上班级其他同学，久而久之，学生自然就产生厌学情绪。据调查，我校九年级学生有20%的学生因厌学而出走、逃学过。另外，还有部分单亲家庭子女，因缺少心理呵护和关爱，对家庭产生敌对情绪，在学校产生厌学心理等。这也会造成中学生心理的不健康发展。

应对策略：①提高自我认识，培养健康心理。近几年来，虽然不断推行素质教育，但由于应试教育制度的威力，考试成绩在很大程度上决定着老师的利益，学生的前途。学生负担依然很重，因此，学生出现了严重的厌学情绪，不良的心理状态影响了正常的教学活动。为此，我们可采用"产婆术"理论（即：苏格拉底把老师比作知识的产婆，因此，"苏格拉底教学法"也被人们称为"产婆术"。指在与学生谈话时，并不直截了当地告诉学生应知道的知识，而是通过问答及辩论的方式来揭露对方认识中的矛盾，逐步引导学生自己得出正确答案的方法）。让学生自我推理，最后认识到自己的错误做法，明白老师之所以这样做的一片苦心，使学生在思想上有一个新的飞跃，端正学习态度，缓和师生关系。因为教师的言行和行动在塑造学生健康心理中起到了举足轻重的作用。②改变家长的教育方式，培养健康心理。专家说："家长是孩子的第一任老师。"这充分说明了家长对孩子的影响力之大。家长在一个孩子的成长过程中起着巨大的榜样作用。家长的教育观念如何，直接影响着孩子的心理发展。为此，我们常定期召开家长会，抽时间家访，有事有空常打打电话，及时建立班级微信群等。以这些方式，加强同家长的沟通联系，分析其教育方式的利弊，转变家长教育观念，为培养学生健康心理开辟了一方乐土。

现状三：人际关系紧张，有21.3%的学生（其中女生约3%），不愿与异性交往，有敌对情绪。有17.5%的学生认为自己在异性交往中心中有困惑，需要家长和教师给予指导。2.5%的学生，是非观不成熟，有时会出现自残或以刀伤人的现象。

形成原因：①网络因素。随着网络时代的发展，更多的学生将时间用于网络，打游戏、聊天、看电影等，减少了与周围人的感情联系，时间久了，就逐渐与同学、朋友疏远了关系。②家庭因素。有些同学或因家庭环境，或因长相，或因成绩因素，在交友方面缩手缩脚，如果在交往中遇到一点挫折，就会灰心丧气，产生消极心理，忍气吞声，不再与人交往，从而会孤单、郁闷，沉默寡言，身边交不到朋友。③个性因素。有许多同学，常以自我为中心，由于在家中受到宠溺，在处事原则上，只在乎自己的想法和兴趣，忽视别人的处境和利益，不愿与异性交往，导致人际关系的紧张。有些同学对人有偏见，有嫉妒心理，待人处事时出现偏激行为，因为当这些同学看到别人的长处时，就会心怀不满，产生嫉妒情绪，生活中处处带有敌对情绪，不能与同学和平相处。因而，就交不到朋友。④"青春期"阶段心理疾病。当初中学生正处于青春成长的关键时期时，由于身心发展不平衡，特别是性发育的成熟，而心理发育却比较滞后，容易使学生出现迷乱、恐惧、不知所措的状况，有的学生好感情用事，情绪很容易变化。考虑问题不够周全，遇事争强好胜，处理事情不冷静，会出现不当的行为。重者有时会出现自残或用刀伤人的现象。比如，九年级学生李林（化名），在下晚自习后回家的路上，因与同学玩耍时发生口角，当时情绪激动，顺手就拿出衣兜里的小刀，将对方肋骨刺伤。在访谈中，李林说他非常后悔，由于自己不冷静，致使同学受伤，住院一个月后休学在家，未能和大家一起参加中考。而李林自己不但出了高额医药费，也受到相应的法律制裁。另外，"青春期"阶段，也是渴望摆脱成人的束缚，展现自身能力的时候。所以，不理解家长、老师的良苦用心，只要家长、老师干涉自己的行为，就会产生逆反心理，致使人际关系紧张。

应对策略：①要合理利用网络。在这个发展着的科技时代，不会用网络就被称为"半文盲"。所以，在这个网络时代，我们就要要求中学生应合理使用网络，让网络成为自己学习中的助手。可以利用网络查找资料，学习知识。要以网络为纽带，利用网络微信、微博增强与同学、朋友、家人的联系。不能成为十足的"低头族"。②人际关系交往要注意"四原则"。即双向原则、平等原则、诚信原则、包容原则。在人际交往过程中，双方都应付出真实情感，保持友好关系。要互相尊重，达到人格平等的效果。要能诚信做人，在相处中接纳他人。③引导学生正确对待性格的独立、学习的竞争。在中学生人际交往关系中，同学之间的交往是最为密切的，特别在同龄人之间，有对人、对事的共同看法。但中学生相对又是独立的个体，在不同的环境中成长，因而形成了相对独立的性格。在学习中，只有同学之间有了竞争意识，才会成为提高成绩的有利因素，才能成为相互学习的动力。④引导初中学生树立正确的人生观、价值观和健康自我意识，做到自立、自律，学会沟通与理解、体谅与尊重，这样才能架起与人交往的桥梁。我们可以对学生进行礼仪教育，尊重他人教育，贯穿于学生学习和生活的始终，使学生健康成长。⑤提高学生的认知，教给学生交往技巧。无论在什么样的环境中，都要学会换位思考，设身处地、将心比心，才能建立良好的交往关系。在学校里，要多开展一些有益身心健康的活动，如，拔河比赛、小制作比赛、篮球比赛等，拓展学生交流空间，培养学生的交往能力，增强学生间的凝聚力，促进学生健康成长。

六、结论

实践证明，多样化的教育方式，能培养学生健全的人格，促进学生心理健康发展。

七、问题及改进

通过半年多的积极探索和不懈努力，在中学生心理问题及应对策略方面，积累了一些经验，对于如何对问题学生进行心理疏导和个案咨询有了自己的认识。但是，在研究过程中也发现了诸多的问题。

如，研究方向不明确。我在课题选题方面还缺乏经验，选题太大，面太广，研究时不好操作。数据分析也缺乏经验，虽做了大量前期工作却似乎是徒劳，很难做到尽善尽美。后经过专家指导，才对课题研究的操作有了明确认识，逐渐规范化。今后，在进行课题研究时，合理选题至关重要，课题研究要小而具体、实在，才可能产生良好的研究效果。另外，个人研究经验不足。由于长期从事教学工作，忽视对教育教学理论方面的学习，因此，研究只能浮于浅表，深层次的理论性的知识难以挖掘。今后，在教育教学过程中，力求不断学习新的、深层次的理论知识，不断增强自身的教育教学研究能力。

单翼天使一样可以茁壮成长

——对实验中学单亲家庭子女心理问题探究

　　近年来，单亲家庭已成为一个引人关注的流行词。所谓单亲家庭是指由于离异、分居、丧偶等构成家庭主体成员不齐全的家庭。由母亲或父亲单个抚养的孩子即为单亲家庭的子女。随着我国社会政治、经济改革的不断深入，人们的传统婚姻伦理观念在不断发展变化，很多人对自己的生活观、幸福观、价值观开始重新定位。于是，离异的家庭越来越多，导致单亲家庭子女就增多了。据不完全统计，我国目前已经出现的单亲家庭有800多万家，在学校里，单亲家庭的学生比例在逐年上升。近两年来，我校单亲学生的比例由原来的8%上升到15%。在这样的背景下，单亲家庭子女的心理问题日益凸显，如，情绪波动大，思想品质受到很大的影响，不良习惯多，有些成了"小刺猬"，这样的学生可占到60%。这不仅给家庭带来了不幸，给国家和社会带来了负担和危害，也给学校教育带来了诸多的不利因素。这说明，单亲家庭子女的教育问题已向社会亮起了红灯，如何正视与解决这些单亲家庭子女的心理教育问题，已成为当今社会的焦点。

　　那么，单亲家庭子女心理问题有哪些表现呢？

一、单亲家庭子女心理问题的具体表现

（一）孤僻冷漠，自闭自卑

当一个家庭中父母离异，这个家庭就成了不完美的家庭，孩子一时无法接受家庭变故，也无法适应无父或无母的生活环境，又因为孩子年龄小，对父母离异的行为不能理解，自我调节的能力又差，心理敏感、脆弱，无所适从。加之看到周围的同龄人和其父母亲亲热热，那种温馨无与伦比，而自己却是如此处境，于是，他们慢慢地就开始脱离人群，进入冷漠、自我封闭和孤独的状态，形成一种自卑的心理。

（二）焦虑忧郁，自责恐惧

由于父亲或母亲的离世或父母的离异，使孩子一度感觉自己的幸福生活跌入了低谷，许多孩子自暴自弃，自责、自我鄙视，把一切事情的起因都归于自己身上，认为是自己的原因导致家庭的不和或变化，因此，心理上就产生了不安、焦虑、着急、烦恼、忧郁等情绪，与人交往，总怕别人伤害自己，整天忧心忡忡，不愿说话。有的单亲父母因自己心中不快，有时将心中的愤恨，一股脑儿撒到孩子身上，使孩子一直处在恐惧和担忧之中，感觉自己周围没有安全感，心中总是抑郁，缺少阳光。

（三）心理逆反，妒忌要强

单亲家庭里的孩子，因为平时生活中心理比较脆弱，自我保护意识强，同时，也渴望被别人尊重、爱护和赏识，有时为了能让自己表现出众，遇事更喜欢和人"对着干"，以显示自己存在的价值。有时觉得别人拥有的家庭温暖而自己却得不到，于是就愤世嫉俗，很容易做出一些不正常举动。在他（她）眼中，他（她）周围发生的事情，甚至是老师或同学的关心，都被当作一种虚假的欺骗，他们会怀疑一切，不相信任何人，这样，许多同学因此会离开他们，不愿与他们交往，但这些单亲孩子虽然心中痛苦，但在别人面前表现还是很"要强"，宁愿泪湿枕头，也不会让人看见自己皱眉。

（四）情绪波动，厌学严重

单亲家庭中，由于家长自身具有的不良情绪，直接影响到孩子的情绪。有时孩子会表现暴躁、焦虑、紧张，情绪异常。在孩子的眼里，家里欢声笑语少了，自己得到的爱少了，失去父亲或母亲一方后，孩子心里的压力大了，由于平时情绪波动大，使得孩子学习注意力不集中，记忆力下降，上课不能全神贯注，学习成绩不理想，渐渐产生了强烈的厌学情绪。

那么，导致单亲家庭子女产生这些心理问题的原因是什么呢？

二、单亲家庭子女产生心理问题的具体原因

（一）子女本身对家庭结构发生变化适应困难

由于父母的离异，孩子突然间独自与单身父（母）亲生活，家庭结构发生了变化，家庭中亲子关系失调极为明显。孩子在家庭发生变故后，由于属于未成年人，不适应这种变化情况。心理脆弱，没有安全感，容易产生不良情绪，心理压抑，变得不善言语、多疑、性格孤僻，自我心理调适能力不强。所以，心灵容易受到伤害，而产生自卑、怨恨等消极情绪。

（二）抚养者对单亲子女教育方式存在问题

单亲家庭中，离异后或离散后的大人，心理在不同程度上受痛苦情感的折磨，加之生活和经济的压力，抚养孩子的一方容易对孩子的教育方式走向极端。要么无原则溺爱孩子，什么事都依着孩子，结果使孩子做事常常以自我为中心，不懂得尊重他人；要么对孩子要求过高，严教

过度，动辄打骂，使孩子个性无法张扬，形成胆小、倔强的性格，容易走上歧途；要么忙于生计或自顾自去外面打麻将而缺乏责任感，对孩子监管不力。要么自己重组家庭，忽视对孩子的照顾与监督，冷落孩子，孩子感受不到家庭的温暖，因而觉得自己在家中无地位，就不求上进，心理扭曲；要么对孩子生活上事事包办代替，久而久之，使孩子养成衣来伸手、饭来张口的不良习惯，结果使孩子缺乏独立意识，不会生活、不会交际、不会解决问题等；要么对孩子进行封闭式抚养，使孩子容易产生不健康心理问题。

（三）学校及社会舆论对单亲子女造成的压力

单亲家庭里的子女，由于在学校没有得到足够的重视，甚至因为个性不好或品行差而使部分老师、同学歧视他们。再加之社会上周围人的取笑、谈论，都会给他们敏感的心灵造成强烈的负面效应，他们总觉得父母让他们丢了脸，他们总怕别人谈及自己的家庭。学校对单亲家庭子女不科学不合理的教育方式和社会舆论、偏见，使单亲家庭子女心理压力加重，表现出冷漠、敌对、自卑、厌学等不良情绪。

以上造成单亲家庭孩子心理问题的多方面原因，不得不引起作为教育者的我们进行深深的思考，我们该如何正视与解决单亲家庭子女诸多的心理问题呢？

三、正视与解决单亲家庭子女心理问题的策略

（一）必须保护单亲家庭子女的自尊心

自尊心是个人要求他人或社会尊重自我的心理。每个人都有自尊心，而单亲家庭的子女自尊心更强烈。作为教育者，应该更注重这种孩子的自尊心，这样才能使他们走出心灵的阴影，培养健全人格。这就要求在平时生活中，我们要把单亲家庭的子女和其他家庭的子女一视同

仁，同等对待，既不能出于同情心给予单亲家庭的孩子特殊照顾，更不能嫌弃他们，否则，会让他们的自尊心受到伤害。我们要理解在当今社会背景下的单亲家庭子女的心理状态，即必须以同等对待为原则，保护他们的自尊心，才能解决单亲家庭子女的心理问题。比如，有班主任专给班内的单亲子女举办庆生活动而被孩子们拒绝，就说明了特殊化照顾会伤害他们自尊心。

（二）营造一种和谐温馨的群体成长环境

学校本身就是一个学生群体成长的环境。对于单亲家庭的孩子来说，他们因家庭事务，常不愿与多数学生或老师交流，个性多疑、孤僻。这种状况下，作为班主任应怎样做呢？

首先，常施爱心，时时关注。单亲家庭的孩子，由于家庭中缺失父爱或母爱，使这些学生产生了沉重的心理包袱，承受着巨大的思想压力，而且往往内心比较敏感，因此，教师要多多关注这些孩子的言行举止，用一颗炽热的爱心去抚慰他们受伤的幼小心灵。如，要常利用课余时间，随时与他们谈心，了解他们的学习与生活情况，必要时及时给予帮助，让孩子时刻体会到有人在学习和生活方面呵护着他（她），体会到在群体环境中成长的温馨，积极调整自我心态，努力调动自己学习的积极性。

其次，增强自信，鼓励交往。在班级里，老师要引导大家，同学之间应相互尊重，互相帮助，如可以在安排座位时，让单亲家庭的孩子融入小组之中，与大家共同学习，给孩子们营造一种民主、平等、尊重、和谐的交往环境。并要鼓励他们多参与集体活动，增强他们的自信，使这些孩子能够感受到集体温暖带给了自己生活、学习的动力，因而，走出封闭、自卑的心理误区，快乐健康地成长。

（三）科学合理调整单亲家庭的教育方式

作为教育者，我们不仅要关心、安慰单亲子女的心理，做他们的良师，更重要的是还要做单亲父母真诚的益友。面对离异后的单亲家庭，老师应适时介入，与家长真诚地沟通交流，并向家长提出合理的建议：①给孩子更多的关爱。家长不能常以"我一人带孩子多不容易"为理由而疏于关爱或管教孩子，如果的确觉得"一人带孩子不容易"，在当今社会，还可以重新构建"完整家庭"，至少让孩子慢慢体会到新的家庭构建后，对他（她）成长过程中的价值和积极意义（可以有效维护自尊心不受外界的侵犯，对培养自己的健康心理很有益）。②科学调整单亲妈妈或爸爸对子女的教育的方式。第一，不能过度溺爱孩子。在丧偶或者离异之后，在单亲家庭为父母者，对孩子关爱备至，常常会把自己的所有感情全部倾注于孩子身上，如：从经济上，要钱就给，没有节制；物质上，要名牌就买，满足其需求。日久天长，孩子的依赖性、攀比心理、虚荣心就会滋长起来，一旦家长离开身边，便茫然不知所措。第二，切忌教育简单粗暴。不少单亲家长，缺少了配偶就把孩子作为自己唯一的精神寄托，对孩子期望值过高。在家长寄予厚望之下，孩子往往有着过重的心理负担。有的家长忍辱负重，把全部希望寄托于孩子的明天。如，中考、高考等，一旦孩子考得不尽如人意，其气恼、抱怨一股脑儿袭向孩子，有时还拳脚相加，方式简单粗暴。有的恶语伤害，更有甚者将孩子推出家门，使孩子无法接受，造成离家出走的局面。第三，培养孩子健康人格。未成年孩子成长的过程，也是孩子健全人格的过程。父亲和母亲无法相互取代。缺少了父爱，孩子就会表现得懦弱、自卑、多愁善感，不够坚强、没有毅力等，形成所谓偏阴人格。而缺少母爱，孩子又会表现得冷漠、孤僻、缺乏爱心和同情心等，形成所谓的偏阳人格。所以，对于单亲家庭的父母来说，重点要注意引导孩子培养其健康人格。

（四）注重孩子青春期心理教育

　　单亲家庭的子女，在进入青春期后，从心理、生理方面发生急剧变化，容易产生性早熟心理。他们的成人感和独立意识增强，情感世界逐渐丰富起来，和完整家庭的孩子相比，他们的性觉醒比较早，如，给自己树立"靠山"，寻找"哥们的安全感"，想为自己开辟一片"新天地"，出现所谓的早恋现象。有时与一些社会痞子交往，整天喝酒、抽烟、找碴打群架等，出现了单亲子女青春期的动荡与危险性。因而，就要注重单亲家庭子女青春期的心理教育，引导他们正确对待青春期所遇到的问题，要及时与家长和老师沟通交流，以免步入歧途。如，我校初三女生常某，因父母离异，跟着父亲生活，父亲又经常外出做生意，于是就出现了早恋现象。后在班主任老师多次交流引导下，又与家长取得联系，最后终于走出误区，以455分的成绩考入当地中学。

（五）呼吁社会形成辐射状教育氛围

　　因为单亲家庭的孩子或多或少都会有点心理"困惑"。除了让家长配合老师给孩子以真诚关爱来弥补其心灵的创伤之外，我们应呼吁社会各界都来关爱单亲孩子，形成辐射状教育氛围。比如，可通过媒体大力宣传，为单亲子女的成长创造一个温馨的社会环境，提供更多更优惠的学习条件，让公众了解单亲家庭，给予他们更多的帮助。让政府机构能够更加完善单亲子女监护权，使孩子享受到自己该拥有的权利。更好地帮助、教育单亲子女成为社会栋梁之材。

　　我希望：在学校、家庭、社会三者形成合力的情况下，多给单亲家庭的孩子心理以阳光般的温暖，使他们走出自己生活的阴影，让单亲家庭的孩子和双亲家庭一样感受到人性的温暖。我坚信：单翼天使一样可以茁壮成长。

参考文献

［1］张开荆.单亲家庭青少年不良情绪的成因分析及对策［J］.辽宁教育行政学院学报，2006，23（2）：46-47.

［2］焦晓玲.试析单亲家庭对儿童心理的影响［J］.新乡教育学院学报，2005（3）：2.

［3］柳明.当代中国家庭大变动［M］.广州：广东人民出版社，1994.

［4］魏曼华.当代社会问题与青少年成长［M］.福州：福建教育出版社，2005.

党建引领教育教学发展探析

在新时期新形势下，党的建设对学生理论素养、思想品德、知识水平、工作能力等都有了新的要求。面对新形势，不管是正式学生、预备学生还是发展对象，素质的提升都显得更加迫切和重要。为此，党支部积极探索与项目所在地党建资源开展融合共建，借此推动教育工作有效开展。

一、引领教育教学

对于教师来说，课堂教学质量的追求必须贯彻：第一，培养师德，提高素质，丰富知识。培养师德，引导学生感受人性的光辉，走向人生的高尚境界；提高阅读能力有助于开阔学生的视野，激发潜能，开启智慧；丰富知识有助于激发学生表达自我、尊重知识和保持知识。为此，教师需要多读书，知古今，开阔眼界，升华品格；经常思考提高对自然、社会和生活理解的广度、高度和深度；勤奋修行，知行合一，行于世间。高质量的课堂教学需要教师利用自身的专业成长，激发学生在阅读、思考和教学实践中的无限可能。第二，促进学生核心技能的发展。核心素养是学生未来发展的必备品格和关键能力，已融入课程目标和课程内容，课程实施的主要领域是课堂教学。在课堂教学中，学生本质品格的形成和核心能力的培养必须做到三个"围绕"：一是注重教学内容、互动探索、发表意见；二是注重学习问题，不断试错，反复验证，提高品格和能力；三是注重人工智能，利用万物互联的信息技术，利用已知，探索新知识，并提高品格和能力。

二、落实红色教育

项目属地有着丰富的红色教育资源：中共和平县第一个党支部旧址（和平县热水镇东华小学）；九连"小延安"教育基地（和平县古寨镇，中共和东分区工委旧址，粤赣湘边纵队东江第二支队六团临时指挥部）；和平县革命烈士纪念碑教育基地；阳明博物馆新时代红色文化讲习所；还有六盘山红军长征纪念馆、西吉县将台堡红色教育基地、单家集红色教育基地等等。党支部充分利用这些红色教育资源，定期组织全体学生到红色教育基地上党课，听本地革命故事，重温革命的峥嵘岁月，重温入党誓词，重走红军路，瞻仰革命烈士，接受红色革命文化的熏陶，确保红色基因永不褪色、永不过时。

三、以教师为本，强化四支队伍建设

以党建促教学，推动全体教师水平的提高。始终把教师队伍建设摆在第一位，把教育教学和教师培训纳入重要议程。学校坚持以党建促教学，开展"青蓝工程"，充分发挥优秀教师"传、帮、带"的引领作用，创新教学模式，提高全校教师的整体水平。学校坚持思想引领，突出队伍建设。坚持党管干部和党管人才，组建由有思想、懂教育、业务过硬的校长（兼党支部书记）组成的专家型管理团队，参与学校重大事项决策。改善衣食住行，创建学生标兵服务团队，打造多方育人氛围。

在"衣"方面，从利于学生的教育和管理，树立良好的精神状态角度出发，激发学生的团队精神和荣誉感；在"食"方面，建设专用食堂，花样齐全，营养丰富；在"住"方面，以"师生公寓家庭化"理念为指导，帮助学生放松心情，缓解学习压力；在"行"方面，学校开通专用校车，为师生打开绿色通道。坚持文化引领，优化办学品牌。家长是办学的参与者、评估人，是办学的晴雨表，学校坚持开展家校互动，为办学方向作出指导。学校成立了家长委员会，多方听取家长的意见和建议；成立家长学校，邀请家庭教育专家开设讲座，用具体而鲜活的事例给教师和家长们带来启发，帮助其创新教育理念。

四、坚持传统授课与创新教学相结合

为能够与学生教育需求更好匹配，学生教育的方式和内容也应与时俱进。逐步从单纯的集体党课转向课堂授课与互动式、案例式、研讨分享式教学相搭配。课堂外探索，主动走出去，结合学生主题实践活动开展现场式、体验式教学，包括到项目所在地的党员教育现场教学点、红色文化教学点、廉政文化教学基地、学生志愿服务联系点、乡村振兴示范点等等开展教育培训活动。与项目所在地机关单位、群团组织建立更紧密联系，联合开展学生、全体员工的教育、联谊等集体活动。另外，利用最新的互联网信息技术，鼓励利用线上学习平台资源（如"学习强国"等平台）开展常态化在线学习。通过不断地创新教育教学方式方法，进一步拓宽学生的视野和眼界，不断提高学生分析问题和解决问题的能力。

五、"六育"并举，以特色引领发展

学校十分重视提高学生综合素养，学校校本课程内容涉及"礼、智、劳、体、艺、技"六个范畴，简称"六育体系"。学校围绕"六育"开设了50多门课程，学生可以在教师的指导下进行"菜单式"选课，"走班式"学习。学校坚持"多元立体，张扬个性"的原则，促进艺趣高雅的"艺"课程不断推陈出新。学校开设了多姿多彩的艺术课程，包括油画、国画、剪纸、书法、竹笛、声乐等，在满足学生学习兴趣，提高学习能力，开拓思维以及促进学生自我价值的发现等方面发挥了巨大作用。随着课改的不断深入，学校充分利用校内和社会资源为学生提供自我锻炼的平台，通过切实的社会实践，帮助学生了解民生，拓宽视野，认知世界，增强同情心和责任感。学校开设了餐厅义工服务项目，从小学高年级开始，由学生自愿报名，帮助餐厅阿姨完成擦桌椅、拖地、倒盘子等工作，让学生在义务服务的过程中，体会劳动的辛苦，更加珍惜劳动成果，同时也提高了学生的自立自理能力。学校还设立了劳动实践基地，安排师生定期到劳动实践基地进行挖土豆、掰苞米、收白菜等劳动实践，学生们不但在劳动中体会到"汗滴禾下土"的辛劳和收获的满足感，还可以更加亲近自然、感受自然。

结束语：不管技术如何革新、世界格局如何变化、社会如何转型，坚持党的领导不能变，党薪火相传的优良传统不能丢。只有加强政治建设，不断结合新的实际传承红色文化，才能确保教育教学中心工作走在正确的道路上。要加强党性原则，找准党建工作与教育教学中心工作的契合点，"用讲业务的方式讲政治"，将党的精神落实在教育教学当中，引领教育进行全新的发展。

参考文献

[1] 雷虹艳. 新时代高校学生思想政治教育与党建工作的协调发展研究 [J]. 学校党建与思想教育，2019（21）：53–55.

［2］曲一歌.大学生党建与思想政治教育协同育人论［J］.学校党建与思想教育，2019（16）：28-30.

［3］刘季平.党建与学科建设相结合推进高校教育发展［J］.毛泽东邓小平理论研究，2019（6）：36-40，108.

［4］唐红艳，汤志华.高校党建与大学生思想政治教育深度融合的探索与思考［J］.桂林师范高等专科学校学报，2019，33（3）：31-34.

乡村振兴背景下乡村教育持续发展的现实困境与对策探讨

乡村教育是新时代下农村教育的延伸，标志着农村教育的进步和发展，农村地区的学生教学条件和学习环境相比于城市的学生有一定的差距，为了缩短他们之间的差距，当地政府和教育部门要在乡村振兴的背景下，加快农村地区的教育改革速度，并将乡村教育落实到其中。对于农村地区的初中生来说，教学条件和学习环境非常关键，当地政府和教育部门要配备实验室、活动室、音乐室、美术室等，让学生有学习活动的空间，乡村教育要重视学生的全面发展，在教育教学时，不要过于注重知识的讲授，还要丰富学生的精神世界，让学生掌握更多的技能，给予学生学习艺术的条件，这样才能缩短乡村学生和城市学生的差距，才能促进学生全面发展。当前，在初中阶段的乡村教育过程中会面临一些困境和挑战，教育人员要在乡村振兴背景下，直面挑战，找到困境出现的原因，从根本入手，采取有效的应对措施。

一、乡村振兴背景下乡村教育发展困境

在开展乡村教育时，教育部门要特别注意教学条件和教学资源，还要注意教师的教学模式和教学手段，如果教学资源分配不合理，或者教学资源不足，会影响初中阶段乡村教育的质量。在初中教学期间，如果教师所使用的教学模式和手段比较单一，会降低初中生的学习兴趣，也会影响教学质量，导致教学效果达不到预期。乡村教育的发展模式比较单一，农村地区的师资力量薄弱，教学质量有所下降，导致生源不断减少。在城镇化改革的背景下，越来越多的父母选择到城市里工作，学生会跟随父母到城市内读书，由于生源数量不断减少，农村学校的规模不断缩小，进而影响教育教学的进程。

二、应对对策

（一）优化资源配置

在乡村振兴的背景下，要做好初中阶段的乡村教育工作，当地政府和教育部门要大力扶持当地的教育，做好资源的优化配置，加快农村地区的教育发展速度，通过资源优化配置，来缩小城市和乡村教育之间的差距，利用高质量的教学条件和资源来留住学生，缓解生源流失的情况。教师要根据初中生当前阶段的发展特点和学习需求，采用科学的教学模式，农村地区的初中生与城市内的初中生有所不同，二者的成长环境不同，认知和发展需求也有所不同，教师要了解农村地区初中生的生活环境以及认知发展需求，结合了解的情况，对当前的教育资源进行优化配置，做好初中阶段学生的教学工作，并在教学的基础上，进行拓展教学，丰富学生的知识面，拓宽学生的视野。

（二）强化教学服务职能

教师在进行初中阶段的乡村教育时，要在乡村振兴的背景下着眼于乡村文化，从乡村特色和文化入手，展开乡村教育工作，开设乡土课程，让初中生在学习知识的同时，也要掌握一些劳动技能，让学生全方位认识自己的家乡。利用乡土课程来激发学生的乡土情感，教师要关注乡村未来的发展，让学生将来都能投入到家乡建设当中，教师要利用教育资源，打造具有乡土特色的教学模式。在初中教学期间，教师除了做好本职工作之外，还要培养初中生的各项能力，增强初中生的乡土文化自信，提高他们对乡土文化的认同感。教师还要做好道德教育，让初中生形成正确的三观，帮助学生确定今后的道路和人生理想，并不断鼓励他们，让他们向理想奋斗。教师要不断强化乡村教学的服务职能，教育部门要改善当前的乡村办学条件，通过改善教学条件，让教师可以更好地为初中生进行教学服务，加快乡村地区的教育改革力度，使乡村地区的教学向现代化方向发展。教育部门要建立高质量的义务教育体系，优化乡村地区的教学品质，实现教育的均衡发展，通过这种方式，为初中生提供优质的教学资源，提高初中生的学习效率和学习水平。

根据上文可知，在乡村振兴背景下，要做好初中阶段的乡村教育工作，加强教育力度，为初中阶段的学生投入更多的资金、资源，给予初中生一个好的学习环境。通过高质量的乡村教育来提高教育服务的质量，让初中生接受优质的教育，留住生源，让学生具备乡土观念和乡土情怀，将来投身于乡村教育当中。从长远的角度来看，乡村教育对乡村未来的发展有极大的推动和促进作用，为了保障乡村教育的质量，教育部门要建立高质量的师资队伍，定期组织教师外出学习和培训，学习先进的教学理念和手段，更新教学内容，并将多媒体设备在乡村中普及，这样教师可以利用多媒体为学生寻找更多的教学资源，让初中生学习更多的知识，进行高质量的拓展教学。教育部门要加强资金的投入力度，建立娱乐活动室，让初中生在空闲时间放松自己，对初中生的全面发展有一定的促进作用。

参考文献

［1］孙岳琪，徐汉滨. 乡村振兴背景下乡村教育持续发展的现实困境与应对路径［J］. 连云港师范高等专科学校学报，2023，40（2）：12-17.

［2］吴明海，王晓宇. 乡村教育等同农村教育吗：兼论新时代乡村教育的内涵与展望［J］. 湖南师范大学教育科学学报，2022（2）：52-58.

第三辑

一 笃 学 善 思

以学铸魂，学思践悟

——固原市2023年六盘名校长领导力提升研修心得体会

"人间最美四月天，不负春光与时行"，2023年4月23日至4月28日，我有幸赴南京市参加了市教育局组织的"国培计划"六盘名校长能力提升研修项目，学习的时光总让人感觉稍纵即逝，但结束后却收获满满、受益匪浅，尤其是在学校规范化管理、教育理念及办学思路等方面有了更为深刻的认识，下面我将从三个方面来汇报我的学习心得。

一、学习收获

本次培训主要分为三个模块，第一模块为专题讲座；第二模块为现场交流学习；第三模块为沉浸式跟岗研修。本次培训有教育前沿的专家理论指导，有工作在教育一线的专家校长的案例分析，有深入学校实地的跟岗交流，也有学员之间教育思想的碰撞。培训安排紧凑，内容丰富、切合实际，让我的观念得到了更新，思想得到了提升，方式得到了优化，更加明晰了校长的职责和使命。

（一）专题讲座

专家的讲座，紧扣时代教育发展的步伐，理念新颖。镇江市教师发展学院徐明院长，作了题为《让改变真实发生——从新教育、新课标到新学校的日常》的主旨报告。徐院长从"确立新思维""理解新教育""认清新课标""发现新教师"四个大的方面分享了让改变真实发生的路径。苏州教师发展学院院长唐爱民作了题为《高质量教师高质量教育》的报告。唐院长从宏观和微观两个方面分析了什么是高质量教育，深入浅出地论述了怎样做高质量教师，如何切实加强教师队伍建设管理等方面。无锡市教科院原副院长、特级教师赵宪宇以《教师教学评审中的学校行为能力与方式》为主题，审视教学评价的新变化，从"职业写作、专业阅读、职能情感"三个层面去找准教师职业的新定位，从教学研究和教育科研的变化去探索教育实践的新通道。

（二）现场交流

通过在镇江市课程基地现场学习，基地负责人从"项目建设初心""项目实施情况""项目建设反思"三方面向前来参观学习的各位校长介绍了课程基地的建设情况。从环境建设、课程建设、教学范式、社团活动等方面进行项目的实施，取得了较大的突破。在南京市软件谷小学进行的学校文化现场交流活动中，了解到该校"以人为本"的办学理念处处彰显，学校楼宇文化主题鲜明，富有书香氛围的"悦"读墙、精美丰富的班级文化、翰墨飘香的书法室、温馨舒适的舞蹈室、科技感十足的STREAM教室等功能室，感受了该校"芯"课程引领下的空间设计与多彩课程展现出来的教育魅力。

（三）跟岗实践

跟岗实践促提升，沉浸观摩润理念，通过扬中市各学校进行的沉浸式跟岗实践研修活动，我们深度参与了学校大教研活动，参观了各校的功能室、校园文化、走廊文化、班级文化、社团活动；了解了学校的安全管理、课程建设特色、教师和发展与课堂变革等。每位跟岗校长，将自己在教育管理、教学专业成长方面遇到的问题——提出，均得到了相关学校领导的细致解答，跟岗校长们获得了众多切实可行的方法，让校长们的思想、见识、经验又有了新的提高。

二、一些思考

培训期间，在学习的同时，我不断思考：学校的长足发展要靠什么？学校管理为什么这么规范高效？校园文化为什么这么浓厚？教育教学为什么这么井然有序？教研教改为什么如此紧贴教育前沿？又如此切合学校实际，针对性强，效果明显？教师为什么能够快速成长？社团活动为什么能够开展得如此富有特色？面对这一系列问题，我不断进行反思、对比，我所在的西吉县第五中学地处西吉县城西街，现有学生2582名，50个教学班，共有专任教师187名。正视我校当前发展情况，梳理出目前面临的诸多问题：校园环境如何改善？学校文化如何培育？学校管理如何规范？校长能力如何提高？三支队伍如何建设？课堂教学如何高效？教研活动如何深度开展？学校特色如何创建？培训期间我边学习，边思考，边向专家教授和名校长请教，结合本校的实际我确定了基本的工作思路和方向。

三、今后打算

通过学习交流，我对学校诸多问题有了新的认识和看法，我深刻认识到作为一名校长，要站在新的历史起点上，审时度势，与时俱进，集中智慧和力量，规范学校管理、更新教育理念、进一步加大创新力度、深化工作落实、全面提高教育教学质量，构建平安和谐校园，办好人民满意的教育。

（一）坚持理论联系实际

丰富的理论学习更新了我的办学理念。几位专家校长的讲座涵盖学校管理、长远发展规划、校园文化建设、校长领导力、教研教改等方面，专家们的理论阐述、引经据典对我启发很大，让我深深地意识到作为校长要加强业务学习，了解新时代教育前沿动态，及时更新教育理念，结合学校实际，求真务实，不断创新。

（二）加强校园文化建设

校园文化是学校发展的底蕴和基石。我校始建于1998年，2009年与原西吉回中合并，但校舍建筑相对陈旧，操场等基础设施严重不足，给学生的体育活动带来了一定的影响，缺少专门的劳动实践基地，无法满足五育并举的教育需求，为此，做好校园美化、建设学校劳动教育实践基地等工作迫在眉睫，要有效利用空间和墙面，建设文化校园、书香校园，充分发挥环境育人的功能。

（三）细化常规管理

以育人为本、全面发展为出发点和落脚点；以促进公平、提高质量为基本价值取向和核心任务；以和谐美丽、充满活力为基础和前提；以依法办学、科学治理为发展方向。因此，学校管理精细化，要"大事做细，细事做精"，将管理的重心下移，做到"精""细""严""实"。

（四）抓好队伍建设

抓好两支队伍：班子队伍建设和学科教师队伍；发挥两个核心：班主任和学科骨干两个核心。

（五）优化课堂教学模式

在常态课中继续开展"2411"课堂教学模式，通过集体研讨和推门听课，不断优化课堂教学模式，同时积极与共同体学校开展试卷讲评和专题复习等教学交流研讨活动，大胆探索适合校情、班情的复习课教学模式。结合"双减"和"五项管理"，积极探索新课标背景下的作业设计和管理模式。

（六）丰富社团活动

通过观摩各校的社团活动，反思我校社团活动开展情况，因活动场地有限，活动形式单一，质量不高，结合实际情况，学校需充分挖掘现有资源，尽其所能，进一步丰富活动形式，提高活动质量，多渠道推动素质教育，实现特色办学、学生多元化发展目标。

（七）积极创办校报

在跟岗期间，各学校创办的校刊给我留下了深刻的印象，通过与各位校长交流，我进一步明确了校报有助于加强校园文化建设，推进素质教育，激发师生内驱力，为师生搭建才艺展示平台，为学校特色建设服务。学校下一步将立足于校情，本着开阔视野、陶冶情操、扩散思维、面向未来的办刊原则，以展现师生风采，弘扬校园文化精神，构建蓬勃向上的校园生态文化，促进学校教育教学的全面发展为目的，精心筹划，创建属于我校的校报。

"心诚求之，虽不中，不远矣"，学习的时光总是短暂的，也许我们只管窥到各校特色亮点的冰山一角，但我们虔诚研学，用心发现，零距离感受到了名校的风采与内涵，收获颇多。虽然此次培训学习活动已结束，但这仅仅是拉开了序幕，接下来一场更深入、更广泛的学习交流活动即将在我校如火如荼展开，我们将比对先进，寻差补短，检视自省，整改践行。"他山之石，可以攻玉"，他们先进的思想、视野、观念、方法、德育工作、文化建设等等一定会为我们所用，指引我们慨然前行，向卓越奋进，向更高迈进。

　　虽说前路漫漫、任重道远，但"道不远人"，名校的经验做法拓宽了教育思路，提升了教育境界。作为教育人，我们将围绕"抓考风、正学风、促教风、转作风、提质量"的教育工作主线，教研内驱，质量兴校，真抓实干，奋蹄追赶，以切实的行动实现学校跨越式发展。借得梅花香一缕，助力西吉教育腾飞！

让课改走进教师心中

2014年，固原市教育局组织了一次"六盘名师"培训活动。在五天的培训中，我带着心中的疑问，先后听取了市局领导的讲话，以及五位专家高屋建瓴的讲座，经历了理论学习、现场体验、课堂观摩等，使我茅塞顿开。专家团队引领名师们走进新课改，打造高效课堂，变"领导苦抓、教师苦教、学生苦学"的传统模式，为"教师少教、学生多学或先学后教"的新模式，让课改走进教师的心中，为孩子们撑起一片蓝天。

专家们精彩的讲座，让生活中的知识上升到理论，又将理论知识回归生活，既在理论上给予我们指导，提高认识，也让我们在实践中有了体验，升华了理论水平。

现将自己的心得体会写出来与大家分享。

第一，改变思维模式，搭建自主、合作、探究的新课堂。

杜金山专家讲到"课改"就是要"改课"。李炳亭专家说："观念决定行动。"在新课改要求下，教师首先应转变思维模式。教师在备课时，应重视三维目标的落实，关注学生情感、态度、价值观的形成与发展，让学生经历知识的产生、发展、形成的过程。在教学中，重视对教材的创新和开发，能创造性地利用教材，让教学内容贴近学生的生活实际，与时代的发展合拍，而不能"一堂课备一辈子，一辈子备一堂课"。从单纯的备教材转变为既要备教材，又要备学生，备各种教学资源，备出挑战传统模式的课，备出符合新课改模式即自主、合作、探究的课，为学生的成功引路，同时也为教师自己享受幸福积累资本，这是时代的要求。

第二，改变角色定位，让学生成为课堂的"主角"。

李炳亭专家讲到"课改究竟改什么"时，其中之一就讲到教师的角色转变问题，我很赞同。我认为在新的课堂模式里，教师需发展学生，成就自我，需从课堂的中心进行合理的位移，由原来的"主演"转变成"导演"，从"二传手"变为"一传手"，转变成学生学习的协作者，学生对话的交流者，学生学习情境的创设者，课堂教学的研究者。让学生在"自学—展示—反馈"的课堂流程中，占领"主角"地位，把课堂还给学生，让学生充分体验知识的探索过程，展示自我，张扬个性。教师平日里把爱贯穿于教育教学的全过程中，和学生平等交往，善于分享学生的成功，当学生进步时，当学生获奖时，当学生有所创新时，把诚挚的表扬送给他们，再给学生提出下一步努力的方向，学生就会"爱屋及乌"，由爱老师到爱学科，进而把爱转化为学习的动力。没有对学生的爱，教师教学设计得再好，课上得再好，荣誉得的再多，也不可能让课堂精彩纷呈，高效课堂就无从谈起。

第三，树立坚定信念，努力使自己由"匠"发展为"家"。

五天的培训，五天的吸纳，五天的提升，也使我领会到做教师的真谛，尤其是成为名师的艰辛。

作为教师，我们肩上的担子很重。因为教学的艺术不在于传授本领，而在于激励、唤醒、鼓舞。学高为师、身正为范，人格是教师的最高学位。在教育教学工作中，教师要用人格魅力去潜移默化地影响学生，而人格魅力就是自身具有的渊博知识和营造精彩的课堂氛围的能力。在这方面我感触颇深，作为教师，在课堂上，要注意与学生的交流碰撞。老师不仅要讲授知识，还要启迪学生智慧，展开互动研讨，开发创新思维。面对重大的教学改革，我们教师要在心中树立坚定信念，再把信念变成方法，把方法变成文化，把文化变成信仰，既要用自己的智慧去启迪学生的智慧，也要用自己的人格去塑造学生的人格，要努力使自己向"教育家"方向提升。课堂上，一个鼓励的眼神，一个淡淡的微笑，一句安慰的话语，都会使学生产生积极的学习心态，并引导学生尝试"自学—对学—群学"的方法，提高学生的学习效率，促进学生形成良好的个性心理品质，从而提高教育教学的整体效益。

通过培训，我发现了自己教学中存在的许多不足之处，看到了今后努力的方向，也从中发现了一些平时被自己所忽略的问题。在今后的教学实践中，我们应以"相信学生、解放学生、利用学生、发展学生"为目标，以精心编制的导学案为基石，积极致力于课堂教学改革，在学习中探索，在探索中实践，在实践中反思，在反思中前进。力争真正解放学生，创建出有特色的高效课堂。但在这条路上，我们教师还需要艰辛地付出，孜孜不倦地追求。不能满足于现状，要不断学习、不断思考、不断总结，用课改的理念指导教学实践，认真研究和探索教育、教学的规律，把科研和教学相结合，努力前行，追寻名师之路，提升自我形象。

在新课改理念下优化教师的心态

为全面落实新课程理念，进一步深化课堂教学改革，2014年7月13日至17日，在县教育体育局的精心部署下，请进中国教师报的专家集团，不辞辛劳为我县的骨干教师、优秀青年教师进行了"优化教学模式，构建高效课堂"的培训。在五天的培训中，我们先后听取了几位专家高屋建瓴的讲座，经历了政治理论的熏陶、体验式分班学习、现场展示活动等，在心与心的碰撞中，我慢慢体会着课改的魅力。我认为新课改的理念若能深入教师之心，那学生一定会收获"书山有路'乐'为径，学海无涯'趣'作舟"的硕果。

专家们的精彩讲座，使生活化的知识升华为高层次理论，引领我们逐渐认识传统教学模式与高效课堂模式的差异，从而优化教师心态，在日常教学中，应尝试打破"灌输式"教学，开创新型"互动式"课堂，让学生心中充满阳光。

聆听专家讲座，开启懵懂心灵。我现将自己心得体会写出来与大家一起分享。

第一，改变课堂模式，将"教+学"的模式变成"学+交+教"的模式，构建自主、合作、交流、展示的新课堂。李炳亭专家说："观念决定行动。"杜金山专家讲到"课改"就是要"改课"。王红顺专家把传统课堂模式和高效课堂模式作了对比。专家们以独到的见解引领我们在新课改要求下，首先应更新观念，改变课堂模式；其次，教师应优化心态，做课改先锋。如教师在备课时，应备出挑战传统课堂模式，符合高效课堂模式，即自主、合作、交流、展示的课，为学生自主学习，学有所获铺路，而不能"一堂课备一辈子，一辈子备一堂课"。在课堂教学中，教师应创造性地利用教材，既能够传授知识，又能够唤醒学生想学、乐学的欲望，培养学生自学的能力，即达到"教会—学会—会学—乐学"的效果。同时也为教师自己享受幸福积累资本，这是时代的呼唤。

第二，改变角色定位，将"教师"变为"导师"，由"二传手"成为"一传手"，使学生成为课堂的"主角"。李炳亭专家讲到"课改究竟改什么"时，其中之一就讲到教师的角色转变问题。李教授提出："教师是谁？""教师的角色如何定位？""为什么唐僧是好老师？"等问题，引起了我深深的思考。的确，在实践教学中，教师应如何摆正自己的位置？应向唐僧学习什么？听了专家们的悉心阐释和自己体验式学习，我明白了其实教师是学生的引路人，即"导师"。在学习过程中，作为"导师"，需唤醒学生盲从的心灵，播种学习的信念，授其学习的方法。点燃学习的激情，培植学习的动力。"导师"需从课堂的中心进行合理的位移，由原来的"主演"转变成"导演"，从"二传手"变为"一传手"，转变成学生学习的协作者，对话的交流者，学习情境的创设者，课堂教学的研究者。让学生在课堂教学中，占领"主角"地位，去充分体验知识的探索过程，展示自我，张扬个性。

第三，改变课堂流程，将"五步三查模式"变成课堂教学的主旋律。在培训中，李炳亭教授提到了"五步三查模式"，即"学—导"的模式。对这种教学模式，我饶有兴趣。其过程也分为"独学—对学+群学—小展示—大展示—自我反馈"五环节。在课堂教学中，如果教师注重贯穿新五环节流程替代传统教学的旧五环节流程，即"复习—导入—讲授—练习—小结"，就可以由"师中心"走入"学中心""生中心"，长此以往，就能认识到"带入—体验—兴趣"学习规律，同时，教师再有效利用学生资源，使学生"参与—活动—体验"，最终使学生得到解放和发展，变厌学为爱学，由学会变会学，实现课堂的"高效"教学。

第四，编制一份科学合理的导学案，使课堂绽放光彩，确实能激发学生学习兴趣。

从王红顺专家的讲座中，我们领悟到导学案的编制和应用的实际价值和意义。导学案是引导学生学习的"路线图"，是高效课堂成功的前提，是高效课堂的命脉，是沟通教与学的桥梁，也是培养学生自主学习的一种媒介。只有导学案设计得科学合理，才能使我们的课堂顺利高效地推进，学生也能快乐地学习。导学案在问题和活动的设计上要体现"知识问题化，问题探究化，探究层次化"，这对教师教学提出了更高的要求。要使导学案的编制精益求精，只靠单个人的力量是远远不够的，而需要各学科组组员们通力合作，搞好集体备课。要对课堂三维学习目标有明确定位；要善于创设恰当的情境，以鲜活的素材，激发学生的学习兴趣；要对讨论、展示、点评、总结有紧凑高效的时间安排；要对小组长和小组的作用发挥提出可行的指导措施等等。导学案的设计只有更好而没有最好，我们需要用心用智来设计自己的导学案，让它更好更精妙地为我们的学生和我们的课堂服务。

第五，选择一种评价形式，以促进学生积极探究。

在新课改的要求下，课堂环境需比较开放，这样学生的思维就会处于较积极的状态，因而在解决问题的过程中，难免会出现观点的差异，所以，对学生所述观点恰当地进行评价，将是"促进学生个性发展"的有效催化剂。专家认为评价是一种艺术，应讲究形式。的确，对学生而言，无论是学生互评，还是教师的评价，学生都渴望得到认可，因此，评价应以激励为主，注意情感效应。例如，当学生将自己很有道理的想法表达得不够清楚时，教师可以说："你的想法很有道理，老师已经明白了你的意思，如果说得更明晰些，那么大家就都能明白你的意思了。"如果学生的想法错误，也应用委婉的口气说："看得出，你动了脑筋在积极思考，但这种结论是错误的，你可以再想想看。"如果有学生的想法既合乎情理，又很新颖，教师可以表扬说："你很有创新。"当然，评价的方式可以多样化。如可以采取教师评价与学生互评相结合，也可以采取发一些小小的奖品，或发一朵小红花，或一面小国旗等形式。这些对孩子赏识的多种方法，在课堂上能够激发孩子的进取心。孩子们积极主动的表现，会使课堂上不断出现精彩的场面。在一种人人都得到尊重和认可，人人都积极参与的状态下，学生的知识水平和能力构建一定会得到迅速的发展提升。

路漫漫其修远兮，吾将上下而求索

——参加六盘名师高级研修班培训心得体会

七月暑期，烈日炎炎。固原市教育局为进一步落实"六盘名师培养工程"的实施决策，组织47名六盘名师培养对象，风尘仆仆赴北京师范大学研修学习。培训期间，学员们克服了酷暑闷热的困难，认真聆听了11位专家教授的精彩讲座，学习了现代教育教学理论和现代教育信息技术，也听取了专家对教师心理健康疏导的方法，等等。数天的培训学习，不仅从理论知识方面拓宽了我的视野，也丰富了我的实践经验，使我对教师职业有了更新的认识，我将把这次培训学习中受到的启发当作一笔丰富的财富，并奉献给同仁们，与大家分享。

一、在学习中逐渐转变教育理念，提升个人素养

作为一名教师，二十多年来，从事着"铸造人类灵魂"的高尚事业；信守着"生有涯而学无涯"的人生信条；期待着"桃李不言，下自成蹊"的辉煌成就。为此，在教育这条漫漫之路上，就要随着社会的发展进步，科学技术的突飞猛进而不断提升自己的知识水平。苏霍姆林斯

基说过："教师所知道的东西，就应比他课堂要讲的东西多十倍、多二十倍，便能应付自如地掌握教材，到了课堂上才能从大量的事实中选出最主要的来讲。"所以，教师职业本身就决定了教师必须以积极的态度，正确对待知识并不断增加新知识。例如，现代社会，多媒体网络教学正向智能化、多元化方向发展，如果我们的教师仍墨守成规，不能与时俱进，不及时看电视、读报纸、上网，那么，我们就会在网络知识方面被学生认为"out"了。因为当代学生可以通过互联网，随时阅读时时滚动的社会新闻和日日变化的时空资讯，并会使用多种网络语言。所以，我们教师要用敏锐的目光，学习、了解、掌握大量的多种类型的学科知识，要从专业型教师逐步向综合型、学者型教师过渡，以适应社会的竞争。这次培训，除了知识、理念上的收获之外，同样也让我体会到了学无止境，教无止境，教育教学之路任重而道远。

二、在学习中逐渐转变教学思路，提高个人认识

苏霍姆林斯基说："如果你想让教师的劳动能够给教师带来乐趣，使天天上课不至于变成一种单调乏味的义务，那你就应当引导每一位教师走上从事研究这条幸福的道路上来。"卢立涛教授在《在行动中成为研究型教师》的讲座中，对新时代教师标准的定义，我很赞同。的确，作为一名教师，不能永远只做一位教书匠，而要实现从"匠"到"家"的转变。因此，我们就要像苏霍姆林斯基、陶行知等教育家那样，勤于思考，善于总结，勇于反思。要把自己在教育教学过程中的点点滴滴的想法和感悟记录下来，闲暇时间常常去反思去总结，只有在不断反思和总结中才能提升自我。这次培训，我的教育教学思路打开了，也拓展了，并增强了我从事教育科学研究的意愿，使我认识到了教学反思的作用。我明白了只有边教学边反思，才会让自己了解自身在教育教学上的

不足，长此以往，才能使自己成长为一名优秀教师。因此，教师的专业成长过程，是一个不断在自己的课堂实践中学习、修正，在修正和反思中成长的过程；也是一个常常向书本和同行学习，在借鉴和内化中不断提高的过程。可见，教师若以研究者的眼光去发现、审视、反思、分析和解决自己在教学实践中遇到的问题，把日常的教学工作与教学研究融为一体，在这个过程中，教师就会由单纯的"传道、授业、解惑"者变为"学习型"教师，由单纯的教书匠成长为研究型、专家型的教师。这个过程确实是一个漫长而艰难的过程。教师必须有坚强的毅力和持之以恒的精神才能完成。

三、在学习中逐渐感悟到教师拥有健康心理，才会幸福

刘永胜教授在《解读教师人生》的精彩讲座中，对教师的人生从四个方面进行了解读，其中之一就是"健康的人生"，这使我产生了一种"忽如一夜春风来，千树万树梨花开"的感觉。有歌词唱道："漫漫人生路，上下求索，才能找到真诚的生活……"人生道路十有八九不圆满，因为这个世界是不以我们的意志为转移的，我们不可避免地会遇到各种不愉快的事。所以，我们教师要善于做好自身的心理调节及保健工作。要多读一点有关心理健康知识方面的书籍，掌握心理调节的方法，学会缓解心理压力，提高心理承受能力。要建立良好的人际关系，辩证地看待自己的优缺点，调整情绪，保持心理的平衡。要培养多种兴趣爱好，陶冶情操，并乐于为工作奉献自我。教师如果想拥有健康的心理素质，跟自己对待职业的态度有很大的关系。比如说，教师若能够懂得享受教育工作的过程，认识到教师的职责不仅是传授知识，同时也是育人的过程。引导学生快乐健康成长是我们最大的幸福，这样教师才能更容易拥有健康的心理。每位教师都能认真地做一座让学生成功通往美好未

来的"桥"，严谨地做一艘载着学生顺利到达成功彼岸的船，执着地做一条让学生健康行走的路，何乐而不为？我们教师若能够懂得享受教育的过程，才能坚定自己的信念，培养出建设国家的栋梁之材，才能无愧于"人类灵魂工程师"的称号，才能做一个太阳底下最幸福的教师。

四、在学习中逐渐变压力为动力，增强自信心

几天的培训，几天的吸纳，我感到自己肩上的责任更重了，心理压力更大了。但我要变压力为动力，不断增强自己工作的自信心。因为名师不是靠宣传而诞生的，而是在生活中历练出来的，更是在反复学习中积淀出来的。正所谓，做人难，做老师难，做名师更难。也正是因为难，在教育教学道路上，真正成为教育家的人才少之又少；也正是因为难，才让人们对那些爱岗敬业做出成就的人充满了崇敬之情。名师只有通过自身的学识、修养、能力来获得学生、家长、社会的认可，而这一切确实来之不易。只有含泪付出了，才能含笑收获。

"不经一番寒彻骨，怎得梅花扑鼻香。"作为"六盘名师"培养对象，在今后的日子里，我们只有不断地学习理论知识，用理论指导教学实践，不断地探索、研究教育教学规律，把教育科研和教学实践结合起来，使自己成为一个专家型、学者型的教师。"路漫漫其修远兮，吾将上下而求索。"我坚信，有追求便是快乐，有希望便是幸福。锻造名师的机会在每一节平凡的课堂中，这追求和希望就是为了使教育教学更加精彩！使自己的漫漫名师之路越走越宽！

弘扬教育家精神，做好服务师生的领头者

2024年6月11日至6月14日，我有幸参加了教育部组织的全国中小学党组织书记校长培训会线上学习，本次培训形式多样，内容丰富。培训形式有精彩的讲座，全面的报告，精选的品牌案例，给人惊喜不断；培训内容有教育教学管理，有师德师风教育，有管理者个人素质提升……使受训者收获满满。

我在这次培训中收获颇丰。首先我学到了优质的理论知识，明白了认真贯彻落实习近平总书记关于教育的重要论述，全力推进新时代教育强国建设的迫切性。开阔了我的视野，拓宽了我的格局意识，增强了我的教育管理信心，坚定了我投身教育青春无悔的理想信念，获得了多样可取的管理办法和教育教学方法。其次，通过培训学习让我明白作为教师要有教育家的情怀，而不能只当教书匠的道理。教育工作者第一要看重对学生人格的培养，以德树人，而不是以学习成绩作为育人的唯一标准。另外，案例中展现的学校品牌，能让我借鉴的经验很多。如：清华附小的《儿童站中央》（一日蹲班），东北师范大学附属中学校长的四大精神（顶天立地、脚踏实地、务本求新、怀善兼济），福建省漳州市

实验小学的党建+教学、党建+育人、党建+公益，北京中学的思政一体化，培养教师的领导能力等等，都是实实在在的干货硬货，学习和借鉴力度很强。

根据培训学习的目的和要求，我今后要加强的工作重点有：一是加强教师的理论学习。我将学到的理论知识和理念，通过精选有机整合，开设讲座和讲党课的形式，传递给每位教师和党员。二是加大师德师风教育力度。以立德树人为根本任务，将"十项准则"和"四有好老师"标准作为选拔用人第一考量，以经典案例教育广大教师，潜心育人，奉献年华，不负韶华。三是继续保持躬耕一线、悉以咨之的作风。倾听一线教师的心声，知晓一线教师的合理需求，解决教育教学当中的实际难题和困惑。四是深入开展大思政课和课程思政化工作。鼓励教师在课堂改革中将学生的思政放在一定比重中进行，召集思政课老师引导师生践行好社会主义核心价值观，讲好红色故事，传承好传统文化，做好铸牢中华民族共同体意识教育。五是继续抓好"三重一大"工作，提升班子和广大师生的凝聚力。团结就是力量，高质量发展要靠大家。在开好党总支会议、党员大会和教师代表大会以及教职工大会的基础上，激励群策群力、滴水聚江的力量，让五中精神再提升，再辉煌。六是弘扬教育家精神，改变师生以学习成绩定优秀的观点。当前师生的观点是以学习成绩定优秀，这是一种不全面的、偏见性极强的、不成熟的看法，为党育人，为国育才，育的是德智体美劳全面发展的社会主义事业建设者和接班人，只限于教书而不育人这是不对的，与教育高质量发展相悖。所以，在提出"四有好老师"标准之后，引导广大教师学习古今中国伟大教育家感人事迹，学习教育家甘为人梯的奉献精神，开拓进取的创新精神，不怕累、不怕苦、孜孜不倦的奋斗精神，鞠躬尽瘁死而后已的献身精神。在这些精神的感召下，引导教师以自己的人格魅力沁润学生心灵，关心学生身心健康所需，及时解决学生学习生活中的困境，而我自己要及时了解、发现、解决师生在教育教学工作中的难题和困惑，做一名合格的服务者和领头者。

总之，教育高质量发展永远在路上，我把"航向正"，"标准高"，"依靠法"，"格局大"作为座右铭，以"为党育人，为国育才"为宗旨，立德树人，奉献自我。

"扬师德、广阅读、助成长"
主题校本研修实施方案

一、研修背景

为深入贯彻落实党的二十大精神，落实《西吉县教育体育局印发〈关于在全县教育系统开展"扬师德、广阅读、助成长"——2024年寒假校本研修宣传方案〉的通知》的文件精神，顺利开展"讲党风、转作风、树师风"活动，提升我校教师专业素养，打造书香校园，引导全体教师"多读书，读好书，好读书"，不断更新教育理念，不断提升学校管理水平，努力造就一支适应我校教育改革发展需要的高素质专业化创新型教师队伍。

二、研修人员

西吉县第五中学全体教师。

三、需求分析

用阅读引领成长，让师生亲近书籍，与好书为友，与经典对话，与博览同行，开阔视野，陶冶情操，积淀文学底蕴，提高文学修养，在学校营造浓郁的读书氛围，让书香飘满校园。

四、研修主题

"扬师德、广阅读、助成长"

五、研修目标

（1）建立校本研修长效机制。以教研、培训、阅读、反思等多种方式开展，以校为本，全员参与的常态化集中研修制度。

（2）推进校本研修示范学校建设。进一步从思想上引起学校对校本研修工作的重视，加强对学校校本研修工作的领导、支持与服务，为提高校本研修质量，探索新经验、新方法，进一步促进校本研修工作规范化、制度化、有效化。

（3）培养一批校本研修"引领者"。多渠道、多形式培养一批能研修、善研修的"引领者"，带动全校校本研修工作深入开展。

（4）建设一支高素质专业化创新型中小学教师队伍。通过持续开展以学科组、年级组为单位的集中研修，建设一支师德高尚、结构合理、业务精湛、充满活力的教师队伍，为推进我校课堂教学改革，助推高质量发展等做好人才储备。

六、研修学时

30学时

七、研修内容

（1）师德师风教育。学习相关政策法规文件，学习人民教育家于漪、时代楷模张桂梅等教师的先进事迹，弘扬高尚师德，增强教师的职

业使命感和社会责任感，引导教师争做"四有三者好教师"。（成果体现：教师个人撰写师德师风学习心得）6学时

（2）专业标准研读。分学科研读教师专业标准，深入学习研讨各学科核心素养、课程标准等。（成果体现：教师制定个人发展规划）6学时

（3）教材教法研究。以备课组为单位，集中研究下学期本学科教材内容，结合对课程标准和核心素养开展研习，重点研究教材重难点、新课改背景下的课堂教学方法等，统一思想认识，分配备课任务。（成果体现：教师个人备课研究记录）6学时

（4）政策法规学习。学习《教育法》《义务教育法》《教师法》等法律法规以及2019年以来中共中央、国务院、教育部等出台的教育相关重要文件。（成果体现：教师个人学习记录）6学时

（5）读书交流活动。开展教师读书活动，提升教师阅读素养。内容为师德修养类、专业发展类、班级管理类、信息技术类、课题研究、中外经典等类别，集中研修时可选择一本书共同阅读，通过读书会等形式交流读书感悟，教师个人假期内完成2本以上经典书籍的阅读。（成果体现：教师个人撰写读后感）6学时

（6）信息化素养提升。完成国家数字教育资源公共服务体系——宁夏教育资源公共服务平台，个人网络学习空间注册和实名认证，开通个人网络学习空间。

八、研修环节

（一）动员启动阶段（1月10日—1月11日）

传达教体局专题会议精神，组织全体教师召开"扬师德、广阅读、助成长"校本研修动员大会，凝心聚力，积极正面宣传"扬师德、广阅读、助成长"校本研修工作，让此项工作走进校园、深入教师，扩大对

社会、家长、学生的影响力。

（二）研修实施阶段（1月12日—1月18日）

成立领导小组，建立校本研修长效机制。从思想上引起全体行政人员对校本研修工作的重视，提高校本研修质量，探索新经验、新方法，进一步促进校本研修工作规范化、制度化、有效化，带动广大教师专业成长。

（三）总结评价阶段（1月19日—1月20日）

针对各学科组出勤，活动效果、成果提交及活动宣传进行总结，每组推荐一名优秀学员，进行表彰奖励。

（四）固化成果阶段（1月21日—2月25日）

（1）每位教师在2月25日前要有一篇围绕研修主题方面的案例或论文。

（2）提交一篇读书心得。

（3）开学前提交一节符合研修主题方面的优质课，能够供学科教师观摩学习。

九、预期成果

结合新课标，撰写教育教学案例；撰写师德师风学习心得；个人备课研究记录；撰写读后感；个人学习记录；提交1份个人研修总结。

十、考核评价

建立"教师个人成长档案"，制定考核细则，将校本研修作为教学常规管理的一部分，计入季度量化考核，教师发展与专业评价的重要权重列入教师年度考核与评先。

对青年教师培养的几点措施

有专家讲："名师培育名生，名生铸造名校，名校成就名师。"的确，随着时代的发展和教育形势的需求，名师队伍的建设成为学校品牌化建设的保证。根据我校师资结构的实际情况，30岁以下的教师占8%，31—40岁教师占58%，41岁以上的占34%。整个教师队伍绝大部分的教师是青年教师，既是一支年轻、有为、灵动、富有激情的团队，也是一支教学经验、案例积累还需加强，教育知识还需尽快转化为教育能力，整体教学研究能力还有待提高的团队。

对一个学校来说，青年教师就是学校的生力军和顶梁柱，"青年教师兴则学校兴"。青年教师的专业成长将直接影响着学校的可持续发展。因此，学校十分重视青年教师团队的培养工作，不断搭建成长平台，提升专业技能，积极创造条件，为青年教师的快速成长铺路搭桥，为学校的可持续发展做好人才保证。

总结这几年培养青年教师团队的工作，在促进教师专业化成长方面，我配合学校安排开展了以下几方面的工作，有良好效果。

一、建设校园文化，营造青年教师成长的环境

古人云，授人以鱼，不如授人以渔。现在有专家认为，授之以渔不如授之以渔场。这是启示学校需要创设一个有利于青年教师专业化成长所需要的环境，要用健康的一流的校园文化去影响教师。学校在发展过程中形成了"细节决定成败"的核心文化。校园文化建设的过程是教师提升认识，形成凝聚力，践行学校文化思想的过程，是凝练教师的进取精神和高尚师德，使教师乐于成为一个开拓进取、与时俱进、富有责任心的人的过程。我校的年轻教师，虽然毕业于不同的院校，但是到了我校，校园营造的核心文化能让他们很快融入学校这个大家庭中，在工作中兢兢业业，争先恐后，迅速凝练自我，逐渐站稳讲台，成长为一个学生喜欢、家长认可、学校赞赏的青年教师，我校的"青蓝工程"开展得有声有色。

二、搭建成长平台，拓宽青年教师成长的途径

在一个学校里，青年教师若要持续快速成长，展示才华，学校必须为其搭建成长平台，多渠道，多途径，为青年教师提供用武之地。

作为实验中学的一名教师，由于两肩承载着家长和社会的厚望，有较大的职业压力，容易产生职业倦怠。但是如果因之而不敢让青年教师承担各种岗位的工作，既是对学校的品牌化发展不负责任，更是对青年教师的成长不负责任。所以，学校放手为青年教师搭建成长平台，并积极引导青年教师乐观面对生活和工作，养成在各种重要岗位工作中寻找快乐，在快乐中去积极从事重要岗位的工作，不断提升职业幸福指数的习惯。只有这样，教师才能在搭建的平台中成长，如在中层领导、班主任、各部门干事、教研组长、备课组长等重要岗位上，青年教师占比

较大，在悄然地不断成长着。如我校青年教师摆瑞彬，潜心于班主任工作，方法灵活，深受学生的喜爱。他现在被学校任命为政教副主任，在工作中大显身手，成为政教工作的主力军。还有青年女教师马晓梅，思想积极上进，带班有冲劲，有策略，现已成为年轻班主任的表率。

三、提升专业技能，加快青年教师成长的速度

随着新课程改革的不断深入，对教师的专业化水平也提出了更高的要求。新课程背景下的教师不仅是有知识、有学问的人，而且是有道德、有理想、有专业追求的人；不仅是高起点的人，而且是终身学习、不断自我更新的人；不仅是学科的专家，而且是教育的专家。因此，作为教师，尤其是青年教师必须随时对自己的专业结构、教育教学技能进行调整，必须在实践中不断学习、研究和反思，必须对自己的知识、能力与经验进行整合，这是教育发展的时代需要，是教师自身发展的需要，也是学校生存和发展的需要。在教育分局教研室的指导下，学校很重视提升青年教师的专业技能。

（一）课题研究体现具体行动

学校特别注重校本教研，积极倡导"我的问题，我面对，我解决"的教研思路，要求教师注重实实在在的成效，在研究课题中学校把申请的大课题具体细化为方便操作、解决实际问题的小课题，以切实突出课题研究的有效性，在行动中解决自己在教育教学中遇到的问题。近几个学期以来，学校专门召开小课题研究交流会，推进小课题的研究。学校营造研究氛围，重视实施过程，重视研究实效。我校部分青年教师，能积极行动起来，提升了自己的研究水平。

（二）研讨交流突出有效教学

近几年来，在我县教育督导室的督促下，在教育体育局研训室的领

导下，想青年教师之所想，急青年教师之所急，成立导师团队，借助录像设备，为青年教师搭建成长的平台，举行"夯实各个环节，追求有效教学"的备课、授课、评课等系列活动。备课，突出"智慧协同"。导师引领，同伴讨论，青年教师归纳整理，通过全面读懂教材、全面掌握学情，突出重点、突破难点，使教学设计成为青年教师、导师、同伴的"智慧协同体"。授课，突出"学生主体"。在授课中，突出学生的主体地位，强调使课堂真正成为"学堂"，老师只起引导、组织、反馈作用，使课堂教学成为学生在教师引领下走进教材、掌握知识、形成能力的"自主学习体"。评课，突出"反思成长"。在评课中，导师主评，青年教师反思。既整体观照课堂教学状态，又对照录像微观分析各教学细节，做到充分肯定优点以激发青年教师的发展潜能，善意提醒不足以防止课堂教学无效。使评课过程成为反思过程、激发优点、再次改进的"成长助推体"。在一系列活动中，促进了青年教师的专业成长。青年教师的课题研究能力和教学能力有明显提升。备课、授课、评课、反思、论文写作能力都有了很大提高。

"名师培育名生，名生铸造名校，名校成就名师"，经过不懈的努力，我校的青年教师专业化成长迅速，学校教育教学质量年年有新的提高，办学水平突飞猛进。

当然，在培养青年教师过程中，我们也遇到了一些困惑：如何引导青年教师处理好学校常规活动和专业化成长之间的关系；如何使青年教师广泛阅读，树立远大目标，并有计划地一步步实施，实现个性化发展等。但是，问题都是发展中的问题，我校的青年教师一定能在上级部门正确引导下，"铁肩担责任，妙手书华章"，为学校将来的可持续发展，为教育体育局将来的可持续发展贡献自己的力量。

第四辑

一

智言慧语

作为课改名师工作室主持人发言稿

　　我是一名教育工作者，也曾是名师工作室的主持人。在我多年的教学和教育管理经验中，我深感名师的作用和影响力。今天我就名师工作室的作用和意义谈一点自己的看法，不当之处，还请指正。

　　首先，我说一说什么是名师工作室。名师工作室一般是当地教育界的名师或者骨干教师担任主持人，若干名优秀教师组成的教学研究团队，一般是由教育部门审批的正规的团队。名师工作室是一个能够聚集优秀教师的平台。在工作室里，大家可以与其他优秀教师进行交流、学习和研讨，通过良好的互动，大家可以借鉴不同的教学经验和教育理念，拓宽自己的视野，提高自己教学能力。

　　名师工作室能够提供一个专业的学习和研究环境。大家在一起不断地学习和研究，才能不断提高工作室成员的教学水平。在名师工作室中，大家可以参与各种教育研究项目和课题，与其他教师一起进行深入的教育探讨和研究。这将有助于工作室成员教师不断提升自己的专业素养和学术造诣，更好地为学生提供优质的教育服务。

　　"一个人可以走得很快，一群人会走得更远。"名师工作室就是一个共同成长的平台。在这里，每个教师都能够发挥自己的优势和特长，共同合作，共同进步。教育事业需要团队的力量和合作精神。通过名师工作室名师的带动作用，带动名师工作室成员全面发展，而名师工作室又可以带动我们西吉五中整个教师团队的发展，从而整体提升我们学校的教育教学质量。

下面，我简单介绍一下我们五中名师工作室的工作目标和思路。

1. 开展实践研究，打造有凝聚力的研究团队

工作室将多创造机会，通过请进来和走出去相结合的方式参加各种交流互动，开展研修学习培训，使工作室成员专业水平实现较大提升。

2. 发挥引领作用，带动年轻教师

充分发挥名师引领和骨干教师的示范作用，通过组织示范课、专题讲座、教学研讨、送教下乡、帮扶引领、精品课程建设等活动，积极承担培养青年教师等任务，为教师的专业成长提供有力的支持和帮助。

3. 抓好课题研究，创设浓郁的科研氛围

以课题研究为载体，针对教育教学实践中的重点、难点问题及教育教学改革中的热点问题进行专题研究，在实践中总结经验教训，撰写有价值的反思、心得体会，在理论、教学探索等方面全面提升，创作更多有价值的教育教学成果。

4. 全力支持名师工作室的创建及工作开展

学校要从战略的高度对名师工作室进行大力的支持，包括资金经费的支持、软硬件环境的建设等。确保我校名师工作室工作走在全县教育系统前面，为我县教育事业的创新、发展做出我们五中人的贡献。

各位领导、老师，名师之名在于培养和带动，让年轻老师更有名。服务于教师的专业成长，服务于学校的教育教学，最终让更多的学生享受到好的、优质的教育。

　　一花独放不是春，万紫千红春满园，我们名师工作室将挥洒汗水，用辛勤的双手去浇灌这一方乐土，使我们名师工作室成为教学研讨的基地，教师成长的助推器，名师培养的孵化器。

以责任和担当推动乡村教育高质量发展

大家好!

我是一名乡村教育工作者,来自马莲中学。今天,能作为新一届西吉县政协委员在这里发言,我倍感荣幸。我认为:落实乡村振兴战略,实现乡村容光焕发,需要强大的乡村教育体系来支撑。教育兴则乡村兴,教育强则乡村强。乡村的振兴绝不仅仅是单一的社会经济和政治方面的改革和振兴,更应该涉及美丽乡村建设诸多领域,包括乡村社会、经济、文化、教育、科技、生态等多个领域的全面改革,其中教育的高质量发展将是推动乡村振兴战略实施的重要保障。

下面,我就谈谈自己几点看法。

一、乡村教育发展的现状

教育是国之根本,决定着一个国家未来的发展方向。在我国,农村人口占绝大多数,因此,乡村教育是当代中国教育的重点,在我县也不例外。乡村教育现状是:乡村中小学大多数是半寄宿制学校,经过多年大力度的乡村建设,乡村教育基础设施设备已日趋完善,供水供电已不成问题,教室教具配备比较充足,多媒体教学运用逐渐常态化。近年来，由于党的两免一补惠民政策的普照，乡村的孩子们食宿有保障，所以，现在限制乡村教育发展的已不再是硬件设备跟不上的问题，而是软件设备不足，使城乡教育出现很大的差距。

二、乡村教育存在的问题

（一）师资力量配置不够均衡

"工欲善其事，必先利其器"，师资力量的强弱决定着一所学校的未来。习近平总书记说过："一个人一生遇到好老师是人生的幸运。"目前乡村学校教师队伍的优化建设是乡镇学校最大的瓶颈问题。

（二）乡村学校的依法治校机制不到位

现在，乡村学校校园治理还存在一定的问题，治理体系不够完善，部分干部政治理论学习有待加强，依法治校能力需要提升，校园治理体系和管理机制需要细化到位。

（三）乡村教育中的家庭教育质量普遍较低

在乡村，由于大多数夫妻生育孩子后，就进城务工，多数孩子在家由爷爷奶奶照顾，孩子便成了留守儿童，老人文化水平较低，家庭教育几乎缺失。同时，即使父母在身边，由于文化素质相对较低，教育观念落后，甚至出现极端化教育手段，或溺爱，或暴力，也会导致孩子教育无保障。另外，特别在民族乡镇，普遍存在离婚率较高现象，这就会出现部分单亲家庭，孩子得到的关爱少，逐渐会形成厌学心理，严重者会出现逃学现象。因而，家庭教育质量有待提升。

（四）乡村教育结构不完善，教育经费不充足

目前，在乡村教育结构中，就我县而言，乡村只有小学和中学义务教育学校，这一现象就会导致乡村教育单一化，使乡村教育无法和经济、文化有对等性发展，只偏重向各高等教育学校输送人才的培养，出

现了基础教育不扎实和学生生源严重流失现象。再有，缺乏教育经费也是限制乡村教育发展的主要因素。现有的经费条件只能满足学校学科教学的基本需要，与整体推进学生"五育"并举发展有较大的差距，不能保障乡村教育教学质量的提升。

三、对乡村教育发展的建议

针对以上存在的问题，我提出几点建议。

建议一：高质量推进乡村教育

要全面推进乡村振兴，完善新型城镇化战略，教育是乡村的支柱，要将办好乡村学校作为乡村振兴的首要任务和首要公共事业，努力推进乡村教育高质量发展。合理布局乡村学校，不可盲目撤并乡村学校。

建议二：优化配置乡村教师队伍

要建立健全乡村教师激励机制，持续提高乡村教师待遇水平，建立差别化乡村教师支持政策，加大力度建设乡村学校教师周转宿舍，改善教师生活条件。改进乡村教师培训机制，提升其综合能力。持续推进乡村学校和省高校联手，带进先进理念，补充师资力量。持续推进"县管校聘"政策落地，来缓解乡村学校老师的倒悬之急。大力加强各级"名师工作室"相互交流，实施名师走教方式，更加方便学术切磋和教学研讨在"捆绑体"学校之间进行交流和合作，真正实现"跳出乡村办教育、城乡融合谋发展"的目标。

建议三：提升校长队伍建设

实施乡村卓越校长培训计划，使乡村校长不断提升业务能力和管理水平。同时，有序实施城乡、乡乡之间校长交流制度落地，形成校际的竞争，既能给学校发展带来活力，也能多侧面多角度促进教育教学质量的提升。

建议四：强化"集团化"办学模式

教育资源需要全面发展，要让乡村薄弱学校教育得以提升，优质学校实现扩容，使校际形成教研和学习共同体，使优质资源得到共享，首先要创新办学模式，加强集团式办学一体化。积极与当地最优秀、有办学实力的学校"抱团发展"，以大手牵小手的方式，博采众长，补己之短，相互促进，使城乡教育形成良性循环，就能达到"泰山崩于前而色不变，黄河决于堤而心不惊"的效果。

建议五：提升家庭教育质量再发展

从城里走进乡村三年多，我深深认识到，乡村要振兴，经济要发展，要让乡村教育有美好未来，就必须重视农村家庭教育质量的提升。加大力度培训，提升乡村人民的文化素养，使他们认识到孩子需要德、智、体、美、劳全面发展的重要性，教育孩子需要讲求方式方法，在孩子成长中要多陪伴，多沟通交流。随着"双减"政策的落地和校外培训机构的取缔，需要家校联合顺势而为，培养孩子的潜质，挖掘他们身上独具的潜能，培养全能型人才，以适应新时代需求。

建议六：加大投资力度，争取政府的支持

国运兴衰，系于教育，教育兴则乡村兴。实施乡村振兴战略，乡村教育是其基础性工程，政府部门应该对乡村教育加大投资力度，全力发展乡村教育，从而带动乡村经济文化的对等发展，以开启新时代美丽乡村建设的新征程。

各位领导、委员们：学校是人才培养的主阵地。而办好一所高质量发展的学校是"牵一发而动全身"的一个综合实体，各部门要联合发力、多措并举，以责任和担当推动乡村教育高质量发展，为党育人，为国育才。

借"乡村振兴"战略
推"乡村教育"发展

尊敬的各位领导、各位同仁：

大家好！

我是一名乡村教育工作者，来自马莲中学。从县城中学一线教师到乡村中学管理者，角色的变化，使我对城乡教育现状有了新的认识。我认为，乡村教育必须以乡村振兴为契机，以"双减"及"五项管理"为抓手，从乡村校园文化建设、教师队伍建设、家校教育融合、学生素养等多方面发展，方能有力推进乡村教育向高质量迈进。

实施乡村振兴战略是解决新时代的"三农"问题、加快我国农业农村现代化步伐的重要战略部署。乡村振兴战略的实现要靠人才，而人才的培养与发展，乡村教育责无旁贷，因此，如何推动城乡义务教育一体化发展自然就成为一个新的议题。

下面，我结合自己的工作实践谈一些浅薄的看法，和各位同仁共勉！

一、厚积薄发促发展，管理教学双提升

2018年，通过竞聘，我任西吉县马莲中学党支部书记、校长。马

莲中学当时条件非常艰苦，学校占地8000平方米，全校只有一栋四层教学楼，36位教师挤住在西北角16间平房里，全校300多名学生，近200名住宿生挤在三间教室里，一口水井是唯一的水源。面对如此现状，我秉持"以正确方法引导人，以高尚情操陶冶人，以渊博知识武装人，以优秀文化培养人，以优势环境吸引人"的理念，抓亮点补劣势，不断改善办学条件、加强校园文化建设，创建平安校园，主张"自主、合作、探究、实践"教学，创新管理与教学模式，让师生在创造性教育教学活动中和谐发展。

一是"三步走"打造精良的教师队伍。教育大计，教学为本，教学大计，教师为本。初到马莲中学，看到年轻的教师让我觉得希望满满，可实际情况却是：这些教师们对校长时时存戒备之心，常常是紧闭门户待在宿舍。即使迎面相逢也是表情冷漠。最让人郁闷的是，有时上课铃响过五分钟了，还有教师才慢腾腾走向教室。工作布置下去，拖拉到一个礼拜都完不成任务。最糟糕的是学生打扫卫生敷衍了事，院里纸片塑料袋到处乱飞，也无人理睬。乱则思，思则变。我必须让教师队伍强起来，学校才能强起来，才能留住生源。第一步是"聚人心"。"人心齐，泰山移"，我以交心交友的方式，利用自己长期住校的便利时间，特意进教师办公室或宿舍，与教师拉家常、说学生、谈想法，或推心置腹疏解教师心结。每周通过教师会议，讲教师的职责，说学校的前景，谈学生的可爱与朴实，慢慢地，老师脸上有笑容了，开始有问候声了。进教室次数多了，甚至有教师开始抢空课上课了，周末离校迟了而到校却早了，教师的行为习惯也规范起来了。更让人高兴的是，每次我外出培训，总有好多老师微信询问我什么时候回来，大家都想我了，我觉得教师的心"聚起来了"。第二步是"助提升"。相对较差的生源和长期不温不火的教学现状，让很多教师的教育激情消失殆尽。面对此情况，我积极联手第五中学，邀请其骨干教师送教下乡，传经送宝，以激发年轻教师的教育教学活力。并在国培计划"一对一"精准帮扶培训项目中，我带领骨干教师走出去观摩学习先进的教学经验，还请进县域专家开展教育教学讲座，以"温水泡茶"的方式，调动了教师工作的积极性和责任心。第三步是"定目标"。2019年，我结合乡村教育的特点，通过和其他学校找差距，然后定目标，形成学校长远规划并在教代会上通过，并以此为抓手，力争教师有变化，质量有提升，学校有发展。2019—2021年中考录取率逐年提升，最高达到51%。

二是改变校园环境和学生住宿条件。面对狭小、凌乱的学校环境和学生宿舍的大通铺，看到有想住校的学生拿着铺盖来又掉着眼泪无奈地带着铺盖走的现象，我寝食难安，转遍了校园的角角落落，脑海中不断变化着思维导图，并和班子成员商量，不能再静等了，要向主管部门呼吁，并做自我安全隐患排查，形成报告反映现实情况，做危房鉴定，积极争取项目。终于，到2020年，在主管局和有关部门的支持下，一栋崭新的住宿楼和一栋综合楼落地建成，既改善了学生住宿条件，也成了校园中的一道美丽风景线，2021年，空气能锅炉改造也全面完成。

三是用"示范课和公开课"力促教学。为全面加强我校党组织和党员队伍建设，促进青年教师快速、健康成长，我校以"教研兴校"为宗旨，以组织开展公开课教学研讨来促进教学方式和教育理念的转变；组织同年级教师开展"同课异构"活动，结合"双培双带"活动，开展老党员带动青年党员，党员带动教师，开展年轻教师拜师学艺、传帮带磨课活动等；开展以"合作学习，探究学习"为模式的教学方式，把课堂还给学生，多方式、多角度培养学生综合能力，激发学生学习兴趣，调动学困生动口、动手、动脑的良好习惯。2020年，学校被县教体局评为教研先进集体；教师在市、县技能大赛中，取得5名教师参赛都获奖的好成绩；学校出现了生源回流现象，得到上级主管部门的关注和当地百姓的好评。

二、依据政策建平台，求真务实谋创新

一是强化学生"五项管理"工作。在关注学生身体健康发展的同时，学校还积极强化落实学生作业、睡眠、手机、读物、体质五项管理。引导学校、家庭、社会树立科学育人观念，营造有利于学生全面健康发展的环境合力。结合学校实际完善制度、细化方案细则，切实减轻学生学业负担，调整作息时间，保障学生在校充足睡眠9小时，利用课间、课外活动、体育课保障学生1小时锻炼时间。特别针对规范学生带手机进校园行为建章立制，利用国旗下演讲、主题班会、《致家长的一封信》等方式深入宣传长期使用手机的危害性，呵护学生视力，促进学生健康成长。

二是真诚做学生和家长的贴心人。作为一名管理者，要把"正人先正己"贯穿在日常教学和学校管理中，我尊重爱护学生，注重塑造学生的人格。在做学生思想转变工作上围绕"你在为谁学习，你要做一个怎样的人，走上社会你想追求什么样的人生"为出发点，与学生促膝谈心以启其智。我用健康、阳光、向上的人格魅力，感染、熏陶学生，学校捐资买名著、学习资料，作为奖品奖励给喜欢读书的孩子，增强学生的自信心和学习积极性。我还经常利用"千名教师进万名学生家庭大走访"活动，和家长推心置腹地交谈，耐心说服家长积极支持孩子上学，并和他们促膝交流教育孩子的方法。

三是加强法制和爱国主义教育。为达到立德树人的根本目标，学校不定期邀请乡派出所、司法所、禁毒所、卫生院等专业人员，通过讲座向学生做法律法规宣传、"远离毒品，珍爱生命"宣传等，从而增强

学生自我保护能力和遵纪守法意识。还充分利用课余时间，举行红歌比赛、古诗文竞背活动和"学党史、知党情、感党恩、励生志、远足行"主题活动，培养了学生爱校、爱党、爱国、爱社会主义的感恩情怀。

国运兴衰，系于教育，教育兴则乡村兴，教育强则乡村强。实施乡村振兴战略，乡村教育是其基础性工程，更是振兴乡村的重要组成部分。一方面要解决如何在新时代下结合乡村特色发展具有乡土文化蕴含的乡村教育，为农业农村发展储备人才的问题。另一方面要关注乡村少年的精神和人格发展，培养其乡土情愫，用乡村优美文化传承乡村文明，带动乡村经济文化的对等发展，以开启新时代美丽乡村建设的新征程，让每一位学生都在灿烂的阳光下健康茁壮成长。

在首届"体教融合"杯田径运动会闭幕式上的讲话

各位裁判员、运动员、老师们、同学们：

大家下午好！

西吉县第五中学2023年首届"体教融合"杯田径运动会，经过3天紧张激烈的角逐，在全体裁判员和工作人员的精心组织下、在全体运动员的奋力拼搏下、在广大师生的热情参与下，顺利完成各项赛事，即将胜利落下帷幕。在此，我代表学校，向为本届田径运动会付出辛勤劳动、作出贡献的全体工作人员表示深深的谢意！向取得优异成绩的各位运动健儿们表示热烈的祝贺！

本届田径运动会开得很圆满，整个运动会准备充分、组织周密、秩序井然，充分体现了"团结、拼搏、创新、图强"的主题。本届田径运动会是学校教育教学工作当中的一件大事，也是学校举办规模最大的一次体育盛会，更是对我校体育工作和师生创新素养的一次大检阅。这次盛会充分展现出我校全体师生员工团结进取、拼搏向上的精神风貌，在各项赛事中，我们的运动员们能发扬不畏强手、顽强拼搏、不轻言放弃的精神，以高度的集体主义精神和强烈的集体荣誉感拼搏在赛场上，遵守赛场纪律，比赛态度端正，表现出了良好的精神品质，出现了许多令人感动的场面：有的运动员带病上阵，表现出了顽强的意志；有的运动员跌倒在地，不顾伤痛，爬起来继续冲刺；有的运动员虽然落到了最后，但是永不放弃，坚持完整个比赛。赛场上表现出来的种种精神，我们大家都应该为之鼓掌喝彩。同时，我们也应该为我们的啦啦队员点个大大的赞，他们也心系赛场，为运动员呐喊助威。这次运动会，全体同学都受到了一次深刻的集体主义教育，也对我校今后"体教融合"的发展产生了积极的影响。

这是一次精彩的体育盛会。运动会上，充分体现了"更快、更高、更强"的体育精神，场上场下，校内校外，同学们的脸上始终洋溢着团结友爱的微笑，弘扬了团结拼搏的精神，彰显着西吉五中奋发图强的精神风貌。

同学们：生命在于运动，今天的茁壮成长，就是明天的展翅高翔。

"雄关漫道真如铁，而今迈步从头越"。希望同学们将运动会上展现出优秀的合作态度、集体观念、拼搏精神和竞争意识运用到刻苦学习和美好生活中去，不忘初心，牢记使命，发奋学习，奋发有为，书写第五中学美好的朴实年华！

希望各个班级以本届运动会为契机，进一步加强班级体育工作，加强学生课外体育活动的开展，促进学生德、智、体、美、劳全面发展。

希望广大教职员工认真总结运动会上的优秀做法，在今后的工作中，继续发扬团结拼搏、奋发向上的实干精神，严于律己，努力工作，为我县体育事业的发展谱写新的篇章！

最后，祝裁判员、运动员、老师们活出生命的精彩、抒写人生的辉煌！祝同学们学习进步，学业有成！

在第二届田径运动会开幕式上的致辞

尊敬的各位老师、亲爱的同学们：

大家早上好！

在这阳光明媚、充满希望的季节里，我们迎来了"奔跑吧·少年"西吉县第五中学第二届"体教融合"杯田径运动会，在此，我谨代表学校向本届田径运动会的召开表示热烈祝贺！向为筹备本次运动会做出辛勤努力的全体工作人员表示诚挚的谢意！向积极参与、热情投入运动会的同学们致以崇高的敬意。

体育运动是我们锻炼身体、增强体质的重要手段，更是我们磨炼意志、培养品质的重要途径。每年一度的田径运动会则是学校体育工作的重要组成部分，更是我们学校体育教育的重要载体。它不仅是展示同学们体育才能和精神风貌的舞台，更是培养集体荣誉感、团队合作精神和顽强拼搏精神的熔炉。

为了保证这次运动会的圆满成功，下面，我提几点具体要求和希望。

（1）希望全体运动员发扬顽强拼搏、安全第一、参与第一、健康第一、团结第一的比赛风尚，让青春的活力迸发在赛场的每一个角落。充分展示新时代青少年的拼搏进取的精神面貌。

（2）希望全体同学在运动会期间严守纪律，文明观赛。

（3）希望全体工作人员坚守岗位，各司其职，积极配合，为本届运动会做出积极的贡献。

（4）希望各位班主任做好学生的组织工作，对学生进行纪律教育、卫生教育、安全教育，保持良好的运动会秩序。

（5）希望同学们至少培养一项体育爱好，真正使自己成为德智体美劳"五育并举"的优秀人才。

同学们，本次运动会的目的非常明确，一是对七八年级体育训练的一次大检阅；二是通过田径运动会的举办减轻我们的学习压力；三是通过田径运动会展示我们运动员的风采。我相信，通过本次运动会一定能增强各班同学对体育的兴趣与热爱，提高我校的体育教学质量，增强我们的体质。我也相信，同学们一定能在这次运动会上，展现青春自我。

老师们、同学们！生命因运动而精彩，梦想因奋进而闪亮！让我们迎着早晨的朝阳，满怀激情的梦想，以奋进之名，赴运动之约，把本届运动会开成一个和谐、安全、文明、团结、奋进的大会。

最后，预祝本届田径运动会圆满成功！

在第二届田径运动会闭幕式上的致辞

各位运动员、裁判员、老师们、同学们：

大家下午好！

经过两天紧张激烈而又精彩纷呈的比赛，"奔跑吧·少年"西吉县第五中学第二届"体教融合"杯田径运动会即将落下帷幕。在此，我谨代表学校，向在本次运动会中取得优异成绩的运动员和班级表示热烈的祝贺！向为运动会付出辛勤努力的全体工作人员、裁判员表示衷心的感谢！

在这短短的两天时间里，我们共同见证了运动员们的奋勇拼搏，他们用汗水和毅力诠释了体育精神的真谛。那一个个矫健的身姿，那一次次奋力的冲刺，那一声声激昂的呐喊，都将成为我们记忆中珍贵的画面。

田径运动会不仅仅是一场体育竞技，更是一次团结协作、超越自我的盛会。它让我们看到了同学们的青春活力与团队精神，也让我们感受到了集体的力量和温暖。

本届田径运动会是一次精彩的体育盛会。运动会上，充分体现了"更快、更高、更强"的体育精神，场上场下，同学们的脸上，始终洋溢着团结友爱的微笑，弘扬了团结拼搏的精神，彰显着西吉五中奋发图强的精神风采。通过本次运动会，我们见证了同学们的健康成长，见证了学校体育教育的蓬勃发展，也充分说明了本届运动会是一次团结的大会、和谐的大会、胜利的大会。

虽然本届运动会即将闭幕，但体育精神将永远激励着我们。希望同学们把在赛场上表现出来的坚韧不拔、顽强拼搏、团结互助的精神带到今后的学习和生活中去，以更加饱满的热情、更加坚定的信念，去迎接未来的挑战。

在此，让我们把最热烈的掌声，送给所有的运动员、裁判员和所有的师生，因为，是你们在场的每一个人的积极表现，书写了本次运动会的绚丽华章！

最后，我宣布："奔跑吧·少年"西吉县第五中学第二届"体教融合"杯田径运动会圆满闭幕！

在九年级家长会上的讲话稿

尊敬的各位家长、各位老师，同学们：

大家下午好！

首先请允许我代表西吉县第五中学全体教职工对各位家长能在百忙之中抽出时间来参加家长会表示诚挚的谢意和热烈的欢迎！我们今天召开这次九年级家长会，其目的是加强老师和家长之间的联系，相互交流学生备战中考期间的在校及在家的情况，以便我们能够及时调整工作，加强管理，提高教育教学质量；同时，我们也想通过这次家长会，进一步鼓起学生及家长的信心，更好地迎接即将到来的中考！一句话，就是"一切为了学生"，让我们的学生从我们五中考上高中，走得更远，走得更好！

在今天的家长会上，我主要想讲三个问题，第一个问题：九年级目前的形势及我们奋斗的目标；第二个问题：学校目前采取的措施；第三个问题：家长要配合学校做的工作。

首先我来讲一讲第一个问题，在讲第一个问题前，我先向各位家长朋友们大概介绍一下我们九年级的基本情况，我校九年级共有16个教学班，现有722名就读学生。九年级今年面临的形势是竞争强，任务重，时间紧，压力大。九年级现阶段的重要性大家是懂得的，这一年，是承上启下的一年，是任务最重的一年，也是十分紧张的一年。在这一学年中，要对初中三年来的知识进行系统的整理和复习，将零散的知识形成一个完整的体系，既是对初中阶段的一个总结，又是对高一级学校学习打下坚实的基础。通过集中系统的复习，查缺补漏，可以使学生巩固初中所学的重点知识和技能，在综合复习中对孩子进行灵活多变的思维训练。而所学课程多达9门，任务之重可想而知。所以，家长要理解孩子的辛苦，理解老师的辛苦。

九年级将决定着每一个学生在学习、升学方面的前途、命运，特别是我们第五中学是全县初中教育的排头兵，家长期望值高，社会关注度高，教学质量的高低也影响着学校下学期的招生。所以，学校和家长一样都有压力，我们只能负重前行，克服重重困难，只能成功，不能失败。根据目前的形势和学生实际，我们提出今年中考的奋斗目标是：总分全县前十中我校要能进入7名以上的同学；全县前二十名中我校要确保能进入15人、五十强中我校要确保30人以上、百强中我校要确保60人以上；录取率确保达到85%以上。

第二个问题，学校采取的措施：千方百计调动和激发学生的学习积极性和主动性。自前段时间开展的"九年级百日誓师大会"以来，我们要求一些学习成绩较好的同学快马加鞭，毫不放松，并作为培优的对象在周末进行"加餐"。对一些成绩较弱的同学则要求他们临阵磨枪，不快也光，要求他们从现在开始改变学习态度，奋起直追，争取考出比较满意的成绩；对那些学习积极性不高，知识基础差的学生，或对复习备考无动于衷的同学，我们加强思想教育工作，积极开导他们正确认识中考，正确认识他们的人生转折点，争取让他们在最后的几十天时间内化蛹成蝶。条条大路通罗马，对于极个别升学确实无望的同学，我们则积极开展职业教育的宣传，开导他们正确认识职业教育的重要性和优势，希望他们能在中考前选择理想的职业教育之路，走上通往成功的另一条路。

在目前这个特殊的备战中考阶段，我们除了抓好常规教学外，主要是要抓好月考和模拟训练，要求各科任教师根据学科不同特点安排章节测试、单元测试和月考，以及期中考试和临中考前的四次模拟考试。以考代练，通过多次考试训练，学生掌握、了解题型技巧，巩固基础知识，从而提高应试能力，达到提高考试成绩的目的。

第三个问题：家长要配合学校做的工作：

（1）为孩子营造良好的家庭学习氛围。一个和谐、幸福的家庭，也一定会给孩子一个温馨的家庭氛围，好学、上进的家长也一定会有一个好学、上进的孩子。所以家长要营造良好的家庭学习氛围，减少其他事务对孩子学习的影响。

（2）家长在最后这几十天的备战中考阶段，一定要加大精力和物质投入，多陪孩子一起复习、多和孩子交流情感，陪伴本身就是一种支持。同时要给孩子多补充营养，加强能量。不要过多给孩子施加压力，要想着为孩子释放压力。不要动不动就拿自己的孩子和别人家的孩子比来比去，我们作为家长，只要自己的孩子努力了，就应该感到满意。

（3）多与班主任和任课教师经常保持联系和沟通，及时向老师沟通孩子在家里的表现；让我们老师及时掌握学生在家的表现和情况。也要及时了解孩子在校的表现和学习情况，以便我们双方研究出有针对性的教育方法。还要关心子女的交友和情感状态，严防孩子交友不慎影响学习；更要特别注意安全，尤其是交通安全，尽最大限度排除各种不良影响对孩子学习的干扰。

各位家长，说大点，孩子是国家的未来和希望，说实际点，孩子就是我们每一个家庭的未来和希望。只要我们学校和家庭携起手来，想尽一切办法，调动一切教育资源，增加相互信任，加强相互理解和沟通，从现在开始抓紧做起，就一定能够把我们的学生、你们的孩子送进更高一级的学校接受教育，培养他们成为有用的人才！

西吉县第五中学2022年度

学校工作报告

尊敬的教体局领导、各位代表，同志们：

大家下午好！

西吉县第五中学一届二次教代会，在各级组织的关心支持下，经过学校的积极筹备和全体教职工的共同努力，今天隆重召开了。现在，我受学校党支部的委托向大会作学校工作报告，请各位代表予以审议，并请列席代表和在百忙之中专程出席会议的各位领导提出宝贵意见。

2022年，在上级政府部门和县教体局的正确领导下，我校全体师生励精图治，开拓创新，以习近平新时代中国特色社会主义思想统领学校工作全局，坚持了"管理育人、文化奠基、质量为本、特色发展"的办学理念，大力发扬了"百折不挠、顽强拼搏、勇争一流"的五中精神，始终秉承以德育首位为原则，以平安校园为前提，以提高质量为核心，以后勤服务为保障，以制度建设为抓手，不断深化教育改革，创造性地开展工作，努力办好人民满意的教育。

现就学校本年度的工作情况汇报如下。

一、主要工作

（一）狠抓党建，加强党员、教师队伍建设

2022年，学校党总支全面贯彻落实党的二十大精神，深入学习习近平总书记系列重要讲话精神，坚决按照"守初心、担使命，找差距、抓落实"的总要求，紧密结合学校实际，围绕领导班子、党员教师的不同特点，强化主题思想教育的针对性，奋力推进"高举习近平新时代中国特色社会主义思想伟大旗帜，走好长征路，紧扣党的教育方针，深化教育改革，为全面推动教育高质量发展，助推乡村振兴而努力奋斗"主题教育工作高标准起步、高质量开展。协同班子成员加强党风廉政建设，与全体教职员工一起廉洁从教。强化民主管理、接受师生监督。评优选先、财务开支、重大项目、职称晋升、干部任用、年度考核等进行公示。组织党员同志赴六盘山、将台堡践行"重走长征路，做新时代的领路人"活动、组织党员同志去西吉县警示教育基地进行警示教育活动。

（二）教学质量稳步提升

本年度学校以全面提高教育教学质量为重点，以实施素质教育为目标，落实"双减"和"五项管理"相关文件精神，开齐开足课程，开展课后服务，教学质量得到稳步提升，得到了社会各界的一致好评。

特别值得一提的是，2022年中考，我校在上级主管部门的正确领导和社会各界的大力支持下，取得了辉煌的成绩：总分全县前十名中我校有8名同学；全县前二十名中我校有17人、五十强中我校有36人、百强中我校有68人；文化课540分以上我校有144人，文化课500分以上我校有293人，占全县文化课500分以上人数的50.86%。在艺术、体育方面也取得了优异成绩：被录取的音体美特长生有61人。我校被普通高中录取795人，录取率达到85.2%。

（三）教育教学教研工作有序高效开展

以强化常规管理为主线、认真抓好"备、讲、批、辅、考"等常规工作；认真落实月考"三严一实"制度；以立德树人为根本，争做"四有"好老师；以提高学生综合素质为目标、积极组织学生参加各级各类竞赛；以"互联网+教育"和创新素养教育为着力点，积极组织教师参加各级"互联网+教育"及创新素养教育教学成果大赛；落实"双减"和"五项管理"及"体教融合"工作。

（四）加强师德师风建设，坚持德育为首，严格学生管理

1. 加强教师管理

定期召开全体教师大会，讲要求、明纪律，通报违规违纪典型案例，警戒全体教师不触红线，树立"学高为师，德高为范"的师德形象，牢牢守住师德底线。

2. 加强班主任管理

定期召开班主任工作会议，就近期出现的各类频发事件进行重点说明，并要求班主任及时落实，勤跟班、勤督促、勤教育。针对存在的微小问题早发现、早干预、早整改。加强护学岗及值周工作。

3. 重视学生德育工作

通过召开主题班会，对学生进行思想教育；利用每周一次升旗仪式，结合上周出现的情况和下周的安排对学生进行教育；在期中期末两次大型考试前，组织召开以诚信教育为主题的班会课。

4. 学生养成教育常抓不懈

加强了课间纪律的管理，学生在走廊、校园大声喧哗、打闹的现象得到了进一步改善，保证了良好的学习氛围；充分发挥年级组的直接管理的作用，政教处与年级组紧密配合，齐抓共管；做好学生仪容仪表及违禁品检查工作，督促学生行为的养成；组织学生会干部做好凳子归位

检查工作。

（五）后勤服务到位，安全措施得当，保障水平不断提升

学校后勤工作以"管理精细、保障有力、服务周到"为宗旨，创建安全管理规范化示范班，完善网格化安全管理体系，争创自治区安全文明校园。开展了以下工作：

通过班主任会、全体教职工会、班会、晨会、校园广播等形式，对学生进行人身安全、消防安全、道路交通安全、传染病预防、校园欺凌、预防溺水、应急疏散演练、安全宣讲进校园等安全教育和管理，积极开展"弯腰工程""塑料袋工程"，创建无纸屑校园。推行"餐盘工程""明厨亮灶工程"，落实"光盘行动""配餐制度"，创建放心食堂。积极配合综治办，治理校园周边环境。加强门卫制度，严把入口关，保证师生人身和学校财产安全。完善采购、维修"三人负责制"管理制度，"三重一大"公开公示制度，确保财务资金在阳光下运行。及时进行办公教学实验用品用具的购置。做好师生文体活动器材、服装、道具采购配置等后勤保障。

建立健全学生公寓管理制度，加强宿舍文化建设，积极开展"文明宿舍"创建活动；签订校外租住学生合同，建立信息登记表，协同教育警务室检查校外租住学生宿舍，加强校外租住学生管理，强化综治工作；积极开展传染病等卫生防疫的宣传和防治工作，做好防溺水安全教育活动；学校与每个学生签订《第五中学学生安全责任书》；积极组织全体师生参与全国网络安全知识竞赛；组织全校禁毒平台学习；组织召开"珍爱生命，远离毒品"主题班会；多次进行禁毒、安全教育讲座；积极创建市级"安全管理示范校"。

（六）开展形式多样的活动，促进学生全面发展

注重宣传阵地建设，根据学校工作要求，对校园广播栏目进行改版，广播主要设有"校园新闻""写作园地""文学欣赏""心理疏导""安全知识"等栏目。丰富了学生课余文化生活，拓宽了学生的知识视野，营造了文明向上的校园文化氛围；紧抓文字宣传阵地，组织开办了以"弘扬雷锋精神，争做时代新人""喜迎党的二十大""粮食安全活动周""学习党的二十大精神"等为主题的黑板报和手抄报比赛；开展主题团日活动及主题爱国主义教育。组织开展了学雷锋活动、"喜迎二十大永远跟党走奋进新征程"暨第六届学生才艺大赛及声乐、器乐、舞蹈类比赛、双语演讲比赛等，并组织学生参加教育主管部门组织的各级各类比赛，取得了优异成绩。

（七）统筹各处室工作，及时宣传报道，大大提升学校知名度

搞好学校宣传报道工作，学校各处室举办的活动由各处室以简报的形式上交学校办公室，学校办公室再充分利用简报、公众号等形式，积极将学校各个方面的重大活动进行宣传报道，展示学校风采，提高了学校的知名度，扩大了学校的影响力。

（八）履行工会职能，做好师生资助、慰问等工作

做好困难学生的资助；完成东润益师奖和启航奖学金的申报和资金发放工作；做好西吉县人民政府办公室关于工会系统做好支持扩大消费活动的相关工作；组织开展每月一次教师办公室卫生检查评比活动。

做好教师的资助慰问，完成2022年"励耕计划"工作；组织开展相关活动；利用相关节日对老党员、老教师及困难教师、患病教师进行走访慰问；组织完成第五中学第一届教职工代表大会代表换届选举工作。

（九）持续推进"互联网+教育"，助推教育教学质量提升

依托"宁夏教育资源公共服务平台"丰富我校资源库，继续推广国家智慧教育公共服务平台、智慧中小学教育平台、网络学习人人通空间，教学助手、教育云、希沃白板5的普及应用。继续组织实施英语口语人机对话，安排了部分教师外出培训、全员参与的网络培训和校本培训。

二、目前学校存在的问题

一是管理体制落后、管理方法简单；二是个别教师对自己要求不够严格，法律意识非常淡薄；三是学生日常行为规范教育有待加强；四是教师培训实效性不强；五是学校各项制度还需进一步完善；六是课堂教学改革需要进一步推进；七是教师信息技术应用水平和能力还有待提高；八是师生活动场地严重不足；九是教师质量忧患意识不强、教育教学积极性降低；十是教师办公室拥挤。

三、今后工作打算

（1）加强"双减"和"五项管理"相关政策严格落实。按照相关要求积极开展课后服务，课堂上以人为本提升学习质量，课堂外利用丰富多彩的社团和体育活动促进学生特色发展，以"双减"为中心，以"五项管理"为基础，让学生减得掉、学得懂、记得牢、提得高、走得远。

（2）加强基础设施建设，优化育人环境。积极争取资金建设学校活动区，进一步向优质化教育均衡发展。积极争取项目，改善教师办公条件。

（3）加强师资队伍建设，提升育人能力。引导全体教职员工敬业奉献，静下心来教书，潜下心来育人，深入钻研业务，学习课标，挖掘教材，了解学生，研究教法。积极开展名师工程。搞好校本教研，以常规教学为依托，抓好课堂教学指导，提高课堂教学效果。积极营造良好的校风。高度关注教育信息化发展与应用。

（4）坚持课堂教学改革，提高育人质量。引导教师培养学生核心素养，持续推行"2411"高效课堂教学模式，让学生动起来，课堂活起来，效果好起来。

（5）强化毕业年级工作，确保育人成绩。2023年中考迫在眉睫，制订切实可行的总体计划，年级、学科组要制订出详细的授课及复习备考方案。随着教学进程的不断深入，学校将及时召开教学专题会，分析、总结、调整每阶段的教学思路。确保本届中考取得优异成绩。

（6）加强社团活动，增进体教的深度融合，提升办学品位。学校今后将大力开展以体育运动为主的各项活动，把增强学生体质、发展学生特长、培养创新能力、提升综合素养作为积极努力的方向。

（7）加快课程与信息技术深度融合。立足师生信息化应用的实际需求，以信息技术对学校的教学、科研、管理和服务等各项工作进行现代化改造，构建资源数字化、应用集成化、传播智能化的信息环境，建设可共享的优质校本资源库，实现教学教研、管理服务的高度数字化、智能化；全面提升师生信息素养和应用水平，最终建成优质、安全、绿色、人本的信息化智慧校园。

各位代表、同志们，过去的一年，在上级主管部门的正确领导下，经过全体师生的不懈努力，我们完成了组织交给我们的各项工作任务。在今后的工作中，我们一定会坚决贯彻落实教体局提出的教育教学工作总思路，为办好人民满意的教育做出不懈努力。

清明祭英烈讲话稿

又是一年春草绿，又是一年清明时。今天，我们第五中学的师生来到了令人景仰的西吉县北山革命烈士陵园，我们在这里隆重集会，来缅怀革命先烈。此时此刻，我们站在纪念碑前，仰望着高高的烈士纪念碑，心中默念着纪念碑上的"革命烈士永垂不朽"八个大字。我们悼念，我们品读，我们铭记。我们悼念无数为了解放和建设我们美丽西吉而英勇捐躯的知名和不知名的英雄；我们品读革命志士的信仰、坚贞、崇高和不朽；我们铭记源远流长的不屈的民族精神。我们来到这里纪念为我们今天的幸福生活英勇献身的革命烈士。寄托我们的哀思，激扬我们的斗志。

虽然时间一直流逝，但信念未曾改变。多少年来，革命烈士的丰功伟绩一直被人们传诵。不管时代如何变迁，先烈们舍生忘死、前赴后继、为后人谋幸福的崇高品德我们应世代铭记，他们的无畏和奉献精神应万古长青。

老师们、同学们，今天，我们缅怀革命烈士，就要学习他们不怕牺牲的革命英雄主义精神和伟大的爱国主义精神。作为人民教师，我们应该恪尽职守，出色地完成教育教学任务，为家乡培养出更多更优秀的接班人；作为学生，我们要行动起来，从现在开始，从实践开始，从身边的小事做起，努力学习，遵纪守法，做一名讲文明，有道德、有知识、有理想的共产主义接班人！

老师们、同学们，我想引用撒贝宁的一句话来祭奠缅怀英烈："青山埋忠骨，翠柏勉英雄，愿以寸心寄华夏，且将岁月赠山河，幸得有你们，山河已无恙，吾辈当自强！"

九年级中考动员会讲话

同学们:

上午好!

今天,我们利用大课间召开九年级全体学生会,我想,这更是一次2023年中考战前动员会。读书的意义,中考的重要性,老师们已经讲过很多次,我不想再重复。在备考的关键时刻,我只想送给同学们四个词:珍惜、坚持、专注、期待。

一、珍惜

珍惜师生情。一日为师,终身为父。金无足赤,人无完人,我不能说五中九年级教师团队是一个最优秀的教师团队,但我可以肯定地说,五中九年级教师团队一定是最敬业的教师团队之一。不管现在的你是否喜欢学习,是否喜欢你现在的科任老师,但老师们总是含辛茹苦,总是希望你获得更高的分数。在你失意的时候,老师安慰过;在你调皮的时候,老师批评过;在你优秀的时候,老师在背后默默含笑。送走了你们,老师们又将迎接新的学弟学妹,他们对你们的付出只有一个想法,就是希望你们每一个人的未来都生活得很好。因此,同学们要懂得感恩，要尊重教师的劳动。在后段备考中，如出现学生顶撞教师的事件，学校将严惩不贷。珍惜同学情。同学们中独生子女较多，步入社会后，同学就是最好的朋友，就是最好的资源。三年同窗是缘分，在一起的点点滴滴都值得回味、珍藏。在后段时间里，我想看到的是同学们之间的相互帮助和关心，而不是因为一点点小矛盾就大动干戈，更不能和七年级、八年级的学弟、学妹发生摩擦，要为学弟、学妹做出好的表率。

珍惜时间。今天是3月10日，距离参加中考的时间只剩下108天了，除去周末的28天时间，大家在学校里面就只有最后80天了。时间对于每个人都是公平的。但由于人们对待时间的态度不同，因此也就有不同的结果。珍惜时间的人"留下一串串果实"，会使生命更有意义；浪费时间的人却"两手空空，一事无成"，只有徒伤悲，空叹息。同学们要坚信：努力从来不会白费，今日撒下的种子，正在你看不见、想不到的某处，悄悄地生根发芽。

二、坚持

前几天我在微信上看到一个故事：猴子想变成人，它知道要变成人就要砍掉尾巴，猴子决定砍掉尾巴。但动手前猴子被三件事困住了：

（1）砍尾巴的时候会不会很疼？（改变是有一定痛苦的）

（2）砍了后身体还能不能保持灵活性？（改变会有一定风险）

（3）活了这么久，一直以来就和它一起，跟了很多年了，不忍抛弃它。（改变在情感上会有些许难受）

所以，今天的猴子也没有变成人！要成就一些事就必须舍弃另一些事！舍不得你所拥有的，就得不到更好的！改变，也许会痛苦一阵子！不改变，就可能痛苦一辈子！事业与情感都是如此。我为什么要讲这个故事呢？因为我发现有部分同学是空想家，心中有理想、有目标，可本身有缺陷、有陋习，不学会改变，学习只有三分钟的热情，不能坚持。

中考是同学们人生的第一次长跑，越是最后，越累，越迷茫，越需要坚持，胜利永远只属于那些坚持到最后的人。要成功，坚持不懈是最不可缺少的品质。有一首诗这样写道：成功的秘密就是两个字：坚持！/天寒地冻的时候坚持；/身处逆境的时候坚持；/孤独无助的时候坚持；/别人都放弃的时候坚持；/绝望的时候坚持；/实在坚持不住的时候，/再咬紧牙坚持一会儿；/坚持，坚持，再坚持！/突然，你会发现：/你成了那个领域的顶尖人物！/你成了英雄！/你成了命运的主人！/你成了"自己都不敢相信"的奇迹！

成绩特别优异的同学要坚持，不要因为一些重点高中的提前优录而打乱你的复习节奏，你们要明白，这仅仅是这些高中控制优质生源的手段，他们最终分班的依据是同学们中考的总分，中考的分数越高，你选择的班级就越好；你们也要明白，中考并不是学习的终点。成绩处于中间位置的同学要坚持，要制订增分计划，如果经过100天的冲刺训练，一门学科在中考中增加5分，那你的总分可以增加35分，你就可能进入重点高中或者重点班级。那些成绩暂时落后的同学，更要坚持，千万不要放弃了自己，人生有了第一次放弃，就绝对有第二次放弃。放弃了今天，就放弃了明天的幸福；放弃了学习，就放弃了所有成功的可能，你要努力让你的中考经历不留遗憾。

三、专注

时不我待，有效的学习时间只有80多天了，这段时间，我们应该把所有的精力都集中到学习上来，通过各科的冲关训练，力争达到如下效果：①试卷卷面要洁净；②文科答题要点要鲜明；③理科时间分配要合理；④答题填涂要清晰。我们要杜绝各类违纪事件的发生，杜绝课余的

"三闲"，即闲话、闲事、闲人。各班要做到入室即静，入座即学。对于上课睡大觉的同学，学校专门摄像，把图片打印出来，张贴在各班，发送给家长。

四、期待

期望你们持有坚定的学习目标。对于一个人来说，最难的不是怎样去付出，而是准备做一个什么样的人。你计划到哪所高中就读，你的分数是多少，你后段计划怎么努力？

期望你们保有十足的青春活力。青春是激情，是力量，更是一种永恒的心态。没有人永远成功，也没有人永远失败，却有人永远进取。

期望你们拥有超人的拼搏精神。当你竭尽自己最大努力去为实现自己的梦想而奋斗时，你将收获超出预期的成果；我相信你们一定会以坚忍不拔之志、坚持不懈之精神奋战到最后一分钟。

从本周开始学校和老师对同学们会有更苛刻的要求，更艰苦的训练，更严厉的批评。但是请同学们永远记住，今日的凋零，是为了明日更好的吐绿！今天的付出，是为了明天更好的收获！最后祝愿同学们汗洒三月，梦圆六月！

2023年秋季学期开学升旗仪式上的讲话

秋风送爽，硕果飘香，我们又迎来了一个崭新的学年，今天是开学第一天，也是我们全校师生在新学年、新学期的首次集会，首先我代表学校向新加入五中这个大家庭的800名七年级新生表示热烈的欢迎！

过去的一学年，在全体师生的共同努力下，学校各项事业稳步推进，取得了可喜成绩，各项活动蓬勃开展，教育教学成绩稳居我县前列，同时也位居固原市前列，特别是在2023届九年级全体师生的共同努力下，今年的中考成绩再创历史新高。老师们的敬业精神和不断刷新纪录的中考成绩得到各级领导的充分肯定，也受到家长和社会各界的高度评价和交口称赞，学校的知名度、美誉度不断提升。

新的学期孕育新的希望，面对新任务、新挑战，我们信心百倍，豪情满怀。我相信，在各级领导的亲切关怀下，在广大家长和社会各界的大力支持下，通过全体教职工的敬业奉献和全体同学的奋力拼搏，新的学年、新的学期，我们一定会创造新的业绩、铸就新的辉煌！

今天的升国旗仪式标志着新学期正式拉开了帷幕，在这里，我要向三个年级的同学们提出几点希望和要求：

七年级的同学们，此刻正是你们在融入初中后扬起人生风帆的开始，你们应该在学校所提供的良好的学习环境中，加强基础知识的学习和道德修养，积极参加各类活动，将初中生活装点得更加绚丽多彩。

八年级的同学们，升入八年级，意味着初中生涯已经过了一半，接下来的一年，是全面掌握知识体系，决胜初中的关键时期，请大家把更多的时间放在思考上，多做知识梳理和学习方法的总结，同时加强锻炼，为九年级的冲刺作好充分的准备。

作为九年级的学生，初中旅途我们已走过了三分之二，现在进入了最后的冲刺阶段。初三的同学们，"沧海横流，方显英雄本色"，人生总是在竞争中不断超越，生命总是在拼搏中不断成长。既然我们选择了中考，我们就没有理由退缩。中考的战鼓已经打响，已经到了为理想奋力一搏的最后时刻。让我们倍加珍惜这最后的一年，做好手中的每一道题，走好脚下的每一步路；调动起全部的智慧，凝聚起全部的热情，为一年后的中考而奋力冲刺，让我们的青春，在这临近中考的最后一年中闪耀出最美丽的光彩！

老师们、同学们！新的学期，新的起点，新的征程，新的希望，站在新学期新的起跑线上，树立五中"立志、好学、互助、上进"的学风，发扬"百折不挠、顽强拼搏、勇争一流"的五中精神，秉承"厚德、启智、尚美、健体"的校训，珍惜时间，努力拼搏，证明自己，超越自我，希望在本学期里，我们大家都教有所获，学有所得。新学期，新气象，今天，我们又踏上了新的征程。让我们在这新一轮朝阳升起的时刻，为了我们的理想共同努力！

2023年秋季学期开学典礼校长致辞

尊敬的老师们、亲爱的同学们：

大家早上好！

在这秋风送爽、硕果满枝的金秋九月，我们又开启了新的奋斗征程。为营造仪式感，振奋精气神，注入新动力，今天我们在此隆重集会，举行2023年秋季学期开学典礼。在此，我谨代表学校向一直以来勤于耕耘、乐于奉献、勇于创新的全体教职员工表示最衷心的感谢！向800多名初一新生和新入职的5名老师表示最热烈的欢迎！向志存高远、勤奋学习、积极进取的全体同学表示最诚挚的问候！

西吉县第五中学成立于1998年，薪火相传，生生不息，至今已走过25年光辉历程，办学历史悠久，文化底蕴深厚，名优教师不胜枚举，优秀学生灿若星辰，是西吉教育一张闪亮的名片。2023年中考，我校在上级主管部门的正确领导和社会各界的大力支持下，在全体师生的齐心协力、努力拼搏下取得了辉煌的成绩。上学期，学校在各个方面都得到稳步的发展，我校学生在各类竞赛中屡获佳绩，各种招牌更加光彩夺目，各项指标均创历史新高，创造了骄人业绩，并凭借良好的美誉度和社会的认可度成为一颗闪亮的明星。素质教育已经成为学校迈向更高台阶的鲜明底色。在此，我代表学校向在座的全体师生再次表示诚挚的感谢！

"历尽天华成此景，人间万事出艰辛。"这些成绩的取得都离不开一个关键词，那就是"奋斗"。只有奋斗才能奏响最美的青春乐章，只有奋斗才能绘就最美的青春风景线，只有奋斗才能让我们与梦想不期而遇。新学期的"开始键"已经全面启动，站在新的起点上，希望同学们荡起奋斗之桨，扬起希望之帆，以昂扬向上的精神风貌重整行装再出发。借此机会，向同学们提三点希望。

一、希望你们培养一种习惯

这种习惯叫好学善思。"玉不琢，不成器。人不学，不知义。"作为一名学生，大家要把学习作为首要任务，不断地磨砺自己，不断地充实自己，不断地提升自己，同时，要有读书的紧迫感和时间观念，"少而好学，如日出之阳；壮而好学，如日中之光；老而好学，如炳烛之明。"初中阶段是学习的最好时期，大家一定要珍惜现有的大好时光，使学习成为一种习惯，让求知成为一种享受。孔子云："学而不思则罔，思而不学则殆"，这告诉我们好学与善思是相互联系、不可分割的。因此，我们不但要有好学的习惯，更要有善思的头脑，在学习的过程中，要边学习边思考，边思考边总结，边总结边提高，在好学善思中，构建高效学习的良性循环系统。

二、希望你们坚持两种精神

（一）第一种精神是勤奋进取

同学们，常言道："一分耕耘，一分收获。"回报来自努力付出，要想获得成功的青睐，勤奋才是关键。著名政治家、战略家、文学家曾国藩先生就说过："一勤天下无难事，一懒世间万事休。"他是这么说的，也是这么做的。曾国藩在带兵打仗时一直坚持早起晨练，无论什么样的天气，无论什么样的环境，他都会"闻鸡起舞"，练兵督训，把每一点时间都利用到极致。先贤的勤勉令人感佩，榜样的力量使人震撼，希望同学们以那些先贤前辈为标杆，在勤奋进取中成就自己的精彩人生。

（二）第二种精神是持之以恒

"贵有恒，何必三更眠五更起；最无益，只怕一日曝十日寒。"做任何事情都要有持之以恒的精神。只要我们长久地坚持下去，再难的事也会"滴水石穿"，再长的路也会"跬步千里"，再远的梦也会"触手可及"。这里，我想跟同学们分享一组数字，马克思写《资本论》花了40年，《徐霞客游记》的诞生用了34年，《浮士德》的创作更是历经60年之久。这些惊人的数字，为我们证明了一个铁的事实：要想成就一番事业，就必须拥有持之以恒的精神。

三、希望你们有三种收获

一是收获感动。希望大家从自己身上收获满满的感动，你的努力、你的坚持帮助你抵达了成功的彼岸，这时你感动于遇到了最好的自己；希望大家从同学那里收获满满的感动，"投我以桃，报之以李"，你的真诚、你的友善赢得了同学的认可，反过来，同学又对你报以诚挚的鼓励、热情的帮助、珍贵的友谊，这时你感动于遇到了难得的挚友；希望大家从老师那里收获满满的感动，你的自律、你的自强获得了师长的喜爱，他们信任你，更加用心用情地引导你，这时你感动于遇到了最好的老师。

二是收获力量。首先，希望同学们能够收获自信的力量，人不可无自信，自信心的有无，对个人的成长至关重要，"有信心的人，可以化渺小为伟大，化平庸为神奇。"希望同学们每一天都在心中增长自信，激发鲜活向上的生命能量。其次，希望同学们能够收获担当的力量，"天下兴亡，匹夫有责。"每个人都要承担一定的社会责任，作为教师，坚守三尺讲台、培植芬芳桃李是担当；作为学生努力奋斗、立志报国是担当。所以，同学们务必志存高远，心怀天下，学好知识练好本领，以"舍我其谁"的责任担当肩负起实现中华民族伟大复兴的历史使命。

三是收获成长。小学是一个人的启蒙教育阶段，而在小学阶段如何养成好的习惯，将会直接影响着一个人一生的发展。播种行为，就收获习惯；播种习惯，就收获性格；播种性格，就收获命运。这是我国著名教育家陶行知先生曾经说过的，可见培养小学生行为习惯的重要性。在成长中，有许多的收获，收获的感觉总是让人难以忘怀。收获，有成功，有失败，有喜悦，有泪水。希望同学们用心感悟、认真践行。

老师们，同学们！又是新的学期，又是新的篇章。让我们共同执起手中之笔用心描绘，用情书写，绘出自己的精彩人生，写出自己的精彩故事，在新的时空里遇见更加美好的自己，遇见更加灿烂的未来！

在"三八"妇女节上的致辞

尊敬的各位老师，亲爱的同学们：

大家好！

在这春意盎然、生机勃发的美好时节，我们迎来了第114个"三八"国际劳动妇女节。在这个特殊的日子里，我谨代表学校，向全体女教职工和女同学们致以节日的问候和崇高的敬意！

第五中学现有女教师75名。俗话说"妇女能顶半边天"，而第五中学的女教师已经顶起了半边天。在学校持续发展的进程中，我们清楚地看到，女教师奋发进取、吃苦耐劳的优秀品质和"博爱、独立、优雅、自信"的精神风貌。特别是我们许多女同志舍小家，顾大家，起早贪黑，任劳任怨，默默无闻，甘于奉献。真正做到了"巾帼不让须眉"，为学校的发展发挥了积极的作用。

女同志们，你们比男同志担当着更多的角色，作为一位母亲、一位妻子、一位女儿，你们把自己的辛劳和爱心奉献给了家人；作为一名教师，一名班主任，一名普通的工作者，你们把自己的勤奋和智慧贡献给了学校。你们不仅有兢兢业业、甘于奉献，为学生传道、授业、解惑的职业操守，更具有言行一致、持身自律的人格魅力，为学校的发展作出了不懈努力和无私奉献。校园因有你们而靓丽，家庭因有你们而温馨。工作生活中你们尽管很累，但你们努力的样子最美！

在"教书育人"这个平凡而神圣的岗位上，你们对工作精益求精，开拓进取、巾帼不让须眉；你们展现聪明才智，拼搏奋进、锐意创新，充分展示现代女性的精神风貌；你们心系学校发展，维系家庭温暖，维护邻里和睦，用爱心和智慧撑起了学校工作的"半边天"；你们肩负工作和家庭的双重责任，为做学生的好老师，孩子的好妈妈，公婆的好儿媳，丈夫的好妻子，承受着太多太多的压力；你们平凡中透射着伟大，荣耀中渗透着艰辛，令人钦佩，催人奋进。在这里我由衷地说一声："你们辛苦了！"

今后，学校将进一步重视女同志工作，积极为女同志创设提升平台，帮助女同志排忧解难，更好地发挥女同志在学校发展中的骨干作用。希望全体女同志继续发扬中华民族的优良传统，倡导健康文明的生活方式，刻苦钻研现代教育技术和专业技能，充分发挥自己的聪明才智。努力做到用品德求平等，用作为求尊重，争做勤奋、进取、时尚、优雅的时代新女性。同时，也希望全体女同志在做好繁忙工作和家务之余注意关爱自己，注意休息，注重健康。愿你们以良好的职业道德、崇高的奉献精神，独特的女性魅力，继续为第五中学增光添彩。

同志们，2024年是学校各项工作再上新台阶的提升之年。今年，我们将持续打造五中品牌效应，实施学校规划的各项举措，扎实推进我校教育教学工作。希望全体教师要身在五中，心系五中，热爱五中，紧跟新时代要求，勇于担当教育教学发展重任。做师德建设的楷模，教育教学的标兵。充分发挥自己的聪明才智，把个人奋斗与学校办学理念结合起来，把理想抱负与教育教学实践结合起来，立足自身岗位，努力为学校的创优、发展、稳定、提升做出新的、更大的贡献。

再次祝愿全体女同志们节日快乐，健康平安，青春永驻，幸福一生！愿全体师生都能用最初的心，做永远的事，为创造五中新的辉煌不懈努力！

2023年秋季运动会开幕式致辞

各位运动员、裁判员，尊敬的老师、亲爱的同学们：

大家上午好！

秋暮冬初，和风暖阳，今天五中全体师生，满怀喜悦的心情，欢聚在一起，隆重举行七年级队列队形比赛和篮球运动会。在此，我谨代表学校向运动会的召开表示热烈祝贺！向为筹备本次运动会做出辛勤努力的全体工作人员表示诚挚的谢意！向全体运动员、裁判员致以亲切的问候和崇高的敬意！

一年一度的运动会是广大师生展示风采、促进交流的舞台。为了促进我校学生的身体健康，保证同学们每天一小时体育活动时间，我校精心设计、统筹规划了大课间活动和课外体育活动。同时成立了男女篮球队等体育社团，积极推进我校体育教育事业的全面发展。举办本次运动会，是对平时学生体育活动的一次大检阅。我希望，通过这次运动会进一步推动我校体育运动的蓬勃开展，也希望通过运动会同学们能真正认识到一个人不仅应该具有高尚的品德、丰富的知识、深邃的思想、优雅的举止，还应该具有强健的体魄。我们新时代的青少年就应当具备新时代的朝气，要意气风发，气宇轩昂。

为了保证这次运动会的圆满成功，下面，我提几点具体要求和希望：

（1）希望全体运动员发扬顽强拼搏、安全第一、参与第一、健康第一、团结第一的比赛风尚，让青春的活力迸发在赛场的每一个角落，充分展示新时代青少年的拼搏进取的精神面貌。

（2）希望全体同学在运动会期间严守纪律，文明观赛。

（3）希望全体裁判员忠于职守，严肃执纪，公正裁判，努力营造公平、有序的良好竞赛环境。

（4）希望全体工作人员坚守岗位，各司其职，积极配合，乐于奉献，遵章守纪，为本届运动会做出积极的贡献。

（5）希望各位班主任做好学生的组织工作，对学生进行纪律教育、卫生教育、安全教育，保持良好的运动会秩序。

（6）希望同学们至少培养一项喜欢的体育特长，真正使自己成为德智体美劳"五育并举"的优秀人才。

同学们，本次运动会的目的非常明确，一是对七年级队列队形训练和体操训练的一次大检阅；二是通过篮球运动会的举办减轻我们的学习压力；三是通过运动会展示各个班级的风采。我相信，通过本次运动会一定能增强各班同学的集体荣誉感，凝聚同学们的向心力，彰显各班同学的集体风貌，提高我校的体育教学质量，我也相信，同学们一定能在这次比赛中，赛出风格，赛出水平。我希望同学们能以这次比赛为起点，向着更高、更远的目标，奋勇前进。

运动，彰显飒爽英姿、活力风采；奋进，凝聚集体力量、向上精神。老师们、同学们！生命因运动而精彩，梦想因奋进而闪亮！让我们迎着秋日朝阳，满怀激情梦想，以奋进之名，赴运动之约。把本届运动会开成一个和谐、安全、文明、团结、奋进的大会。

最后，预祝本届运动会圆满成功！谢谢大家！

2023年教师节活动典礼上的致辞

尊敬的各位老师：

大家好！

金风送爽迎佳节，红花硕果暖人心。今天，我们欢聚一堂，共同庆祝第39个教师节。值此节日之际，我代表学校，向辛勤耕耘的全体教职工，致以节日的问候和最崇高的敬意！向一代代以"为党育人、为国育才"为使命，初心不改的五中教师表示衷心的感谢！向新加入我们五中团队的5名教师表示热烈的欢迎！

过去的一学年，在大家的共同努力下，中考成绩再上新台阶，各项工作持续稳步推进，学校继续保持良好的发展态势。良好的教育质量和特色发展的体育、科技、文化等社团活动，奠定了我们五中在西吉县教育领域排头兵、领头雁的地位。

桃李不言，下自成蹊，默默耕耘功不可没。这所有的收获，都是我们大家勇担责任与使命的结果，所有的进步，都是我们五中人厚德爱生、追求卓越的佐证。我们五中人以高尚的追求、良好的素养和深厚的学识，在全县范围内树立了"学为人师、行为世范"的良好形象。实践证明，我校教师团队是一支师德高尚、业务精湛、无私奉献的优秀队伍。

我非常珍惜遇到你们这样一群充满活力、热爱工作的同事们。在教育的道路上与我一起成长、一起拼搏、一起努力。"千里之行，积于跬步，万里之船，成于罗盘。"正因为有你们的支持与配合，才有西吉五中辉煌的今天和璀璨的明天！

过去，我们用艰苦奋斗书写学校的历史；现在，我们用励精图治拓展学校的未来。面对新的开始，面对良好的发展势头，让我们精诚团结，顽强拼搏，用健康的身心、饱满的热情、踏实的工作寄心教育，共同书写教育事业新的篇章！

今天在这充满温馨的日子里，学校给每一位老师送上一束鲜花表示一份祝福，简单的菜肴表示一份满满的心意。让我们载歌载舞，过一个快乐、祥和而有意义的属于自己的节日。

最后，祝全体老师身体健康，家庭幸福！再次祝大家教师节快乐！不仅如此，还要天天快乐！

在2023届九年级毕业典礼上的致辞

尊敬的各位老师、亲爱的同学们：

大家好！

恰逢端午，又遇别离，毕业季如约而至。大家即将从西吉五中出发，奔赴更高一级的学校学习。首先，我代表全校师生，向圆满完成初中学业的746名毕业生表示热烈祝贺！向悉心教导培育你们做人求知的各位老师，表示真诚的感谢！向给予你们生命，陪伴你们成长的各位家长，致以崇高的敬意！

同学们，时间镌刻前进的足迹，历史见证奋斗的历程。三年来，你们与祖国共奋进，与学校同成长。过去的三年，是极不平凡的三年，新冠疫情反复，极大地干扰了我们的正常学习。这三年，我们经历了病毒的伤害，我们经历了在家线上学习的艰难。这一切的经历，是我们这一届毕业生独有的成长经历。我们没有被新冠病毒打倒，我们成功地抗击了新冠疫情，我们更成功地完成了我们的学业。

每年毕业季，校园里都涌动着青春的热浪，充满着活力的气息。看到同学们与老师合影、与同窗话别，看到大家在毕业留言册上书写毕业赠言，我既感到欣慰，又充满不舍，既羡慕你们青春无限美好，更祝

192

福同学们未来无限可能。

同学们，三年求学之路，留下了你们奋斗的足迹，也留下你们的欢歌笑语。三年来，你们的每一点进步、每一点成绩的取得离不开望子成龙的父母与甘为人梯的老师的辛勤哺育和谆谆教导。所以要感谢我们的老师，感谢你们的父母。三年校园生活，老师为你们付出了他们生命中最珍贵的年华。你们的每一点进步都会使我们高兴，你们的每一点失误也常常使我们寝食难安。虽然我们的老师有时因为过于严格，也许会恨铁不成钢而责备你们，但请你们原谅，因为在老师的心目中，你们已经成为我们的孩子，责备正是一种深沉的"爱"！要感谢你们的父母。他们不仅给予了你们生命，并且倾其一生之全部心血伴你们成长，你们的喜怒哀乐、四季冷暖，时刻在他们的心头。他们有时也许会过于啰唆，但那是一种至高无上的博大宽广的爱。

忆往昔，心中总有几许依恋，几多感慨！今天，作为校长，也作为一名曾经担任过班主任的我，在你们即将离校之际，我依然想再叮咛同学们几句：

（1）要正确面对中考。拿出你的自信，坦然面对，沉着应考。其实，中考只是你人生旅途中的一段小小插曲。面对中考，要有"一览众山小"的胸怀。考场上，我们要从容自信，沉着冷静，细心作答解题。每一科考完后，我们要有"过去的就让他过去"的潇洒，从而以乐观的心态迎接下一科目的挑战。

（2）把学习当成一种品质。当下是一个"知识决定未来"的时代，初中毕业并不意味着学习任务的完结，恰恰相反，它是新的学习的开始。如果你不想停止成长，你就一定不能停止学习！好学来自勤奋，高分源自拼搏。只要有真才实学，不管从事何种职业，都能够在自己的岗位上成长成才，都能实现自己的人生价值。当你把学习当成一种习惯，一种品质，你就是一个幸运的人，一个成功的人！

（3）把感恩当成一种责任。大海给了鱼儿一片广阔的水域，因为感恩，鱼儿回报给大海一片生机；天空给了鸟儿展翅飞翔的高空，因为感恩，鸟儿回报给天空美丽；大地给了树林一片沃土，因为感恩，大树反赠给大地丝丝荫凉。生活总是给予我们很多很多：父母的亲情，长辈的关怀，同学的友谊，他人的帮助。我们要以知恩图报的心去珍惜身边的人和物。同学们要好好感恩自己的父母；感恩我们的学校；感恩我们的老师，是他们教育我们成人成才。同学们，当你学会了感恩，你就学会了处世、学会了做人！把感恩当成一种责任，对学业的责任，对家庭的责任，对社会的责任，只有懂得感恩的人，才可能获得更多的机遇和社会的馈赠，也才能走得更远。

韶华三载，岁月如歌，聚散有时，未来可期。亲爱的同学们，初中毕业只是人生道路上的一个驿站，今后还有更广阔的天地任同学们驰骋，还有更美好的前程任同学们去奔赴。不管你是选择读职高，还是读普高，都应该认真对待，才不愧于自己的青春年华，不愧于父母的殷切希望，不愧于母校的培养。我衷心地期望在座的每一位毕业生今后在各自的学习生活中不断地传来佳音。希望同学们离开学校后勿忘老师，勿忘母校，有空也常关注母校的发展。也希望大家永远珍藏在母校期间的这段难忘的岁月。

最后，预祝同学们向家长和母校交上一份满意的答卷！愿你们中考顺利！人生灿烂！

无奋斗不青春　无鸿志不少年

——在初三100天动员大会上的讲话

尊敬的各位来宾、各位老师，亲爱的同学们：

大家下午好！

今天，我讲话的题目是《无奋斗不青春无鸿志不少年》。

三春花事好，为学须及早。今天，我们在这里召开西吉县第五中学2024届中考百日动员大会，在此，我谨代表学校对拼搏在中考一线的九年级全体教师表示诚挚的敬意和衷心的感谢；对全体毕业班学生表示真诚的祝愿和殷切的期望；对在百忙中抽空来我校参加这次大会的各位来宾表示热烈的欢迎。借此机会，首先送给同学们两句话，以求共勉，那就是：不论你在什么时候开始，重要的是开始之后就不要停止；不论你在什么时候结束，重要的是结束之后就不要后悔！

九年级的同学们，三年早起晚睡的辛苦，终会浇灌出六月心满意足的硕果。在这关键的时间节点，我相信你们已经信心百倍，准备全力冲刺。此时此刻，我想对你们寄托两点期望。

一、奋斗者正青春

青春是一条山路，它时而展现盎然的图景，为你指引一个光明的前景。每天清晨漫步在校园里，就应该想想，在我们这样的年纪最应该做的是什么呢？每天晚上休息的时候，更应该想想，在我们这样的年纪最应该思考的是什么呢？答案显而易见，那就是认真学习，刻苦奋斗。孩子们，你们身上不仅仅有父母的期望和老师的嘱托，更重要的是你们自己的理想和抱负，是你们的前途和未来。美好的人生从来都不是唾手可得，是要我们用辛劳的汗水去浇灌才会开花结果。无奋斗，不青春；奋斗者，正青春！你们拥有花一样的年纪和最美好的时光，倘若我们能用自己的汗水为这时光绘制美好的蓝图，我们离成功便近在咫尺。每天清晨早起一点，把学习内容预习一遍；每天上课认真一点，把学习效率提高一点；每天多练一点，把学习成果巩固一点。摆正心态，转压力为动力。让我们在压力中奋斗，在奋斗中蜕变，在蜕变中直达成功！

二、少年者立鸿志

志不强者智不达，言不信者行不果。在仅剩的这100天里，希望同学们再梳理一下自己的理想信念，再明确一下自己的目标学校，再提升一下自己的信心勇气，用科学合理的决策和方法，用吃苦耐劳的拼搏和毅力，全身心投入复习，备战中考。珍惜生命的每一分，把握中考的每一秒，以最佳的精神状态和最充分的知识储备迎战中考，成就理想。笑着学习，开心成长。每天保证足够的饭量，充分发挥大脑的作用，更多更好更有效地吸纳知识，用不懈的努力，成就光明的未来。

同时，也希望九年级全体教师以一切为了学生为根本，以学校的兴衰为己任，以自身前进发展为动力，抢抓时间，潜心备课，研究对策，负重前行，提高课堂效率，随时关注中考动态，及时掌握最新中考信息，尽己所能提高学生的学习效率，复习效率，利用有限的时间，争取创造更好的成绩。

为学正如撑上水船，一篙不可放缓。各位老师、亲爱的同学们，大鹏一日同风起，扶摇直上九万里。此刻，风满翼张，让我们坚定信念，全力付出。今日的汗水终将铸成明日的辉煌。希望你们能够用坚定的信念和不懈的努力，朝着目标前进，让青春绽放出绚丽的光芒！永不放弃，永不言败。加油吧，我亲爱的同学们，敬爱的老师们，三年磨一剑，只为题名时。让我们大家共同奋斗，全力拼搏，2024年中考再创佳绩！争取"双一"！

用感恩之心凝奋斗之力成梦想之美

各位老师、亲爱的同学们：

大家上午好！

时光如陀螺飞转，岁月似流水无情。今天是难忘的一天——2024届初中毕业生典礼，也是我们与毕业生最后相聚的日子。三年时光转瞬即逝，大家也已从懵懂学童成长为翩翩风度的少年郎、亭亭玉立的大姑娘。而今天，我们又要目送你们离开，去追求新的理想，实现新的抱负。在此，我谨代表学校向圆满完成初中学业的870名毕业生表示热烈的祝贺！向为毕业生付出辛勤劳动的老师们表示衷心的感谢！向支持学校教育教学工作的各界人士及学生家长致以崇高的敬意。

九年级的同学们，今天，你们毕业的时刻到了。此时，只觉情牵思挂，心情激动，一千多个日夜的初中生活宣告结束。下卷的生活彩图将要用拼搏去点缀了。回首寒窗三载，我们互相配合，现已完成了使命，明天你们将载着母校的重托，带着对新生活的美好向往，迈出校园，走向更为广阔的天地。

此刻，我们已经站在毕业的路口，同学们要保持良好心态，用坚持不懈的决心和不破楼兰的态度去面对我们的大考。临近考试，要戒骄戒躁，用稳定的心态面对考试，稳扎稳打，发挥出自己最佳的水平。用自己的勤奋和努力实现自己远大的志向。俗语讲，士贵立志，志不立则无成。朝气蓬勃、青春无限的你们拥有最美好的年华，最旺盛的精力，最远大的理想。成长的道路上不能没有梦想的加持。有规划、有理想的未来更值得我们拼尽全力去争取、去创造、去成就。不要害怕小小的失败，把每一次失败理解成推动自己前进的动力，只要有了动力，前路再远我们也终将到达彼岸。成功的道路总是难上加难，但有了敢于拼搏的勇气，才能不惧任何磨难。

在走向成功的路上，也要时刻记得我们身后的父母、恩师。身为初中生的你们有了强烈的自我意识和不羁的少年叛逆，时常觉得父母变得无比唠叨，甚至有点烦爸爸妈妈的管束。但是孩子们一定要谨记，父母之爱子，则为之计深远。父母不单单是给予了你们生命，更给予了你们世间最纯洁、最无私、最伟大的爱。他们要在你们懵懂无知的时候替你们规划更加宽广的人生道路和美好未来。晚上回家后有爱心消夜，清晨起床时有丰盛早餐，风里来雨里去十几年如一日的接送。没有任何一种爱能够比得上父母对子女爱之深沉、之深刻、之久远！不要把爸爸妈妈的付出当成理所当然的享受，只有无条件爱你的人才会做到如此不计回报。当有朝一日你们也为人父母时，就会更加深刻体会到父母的不易和辛劳。多跟父母聊聊天、谈谈心，他们会特别开心你和他们分享你的喜怒哀乐。

初入校园，你们是洁白无瑕的璞玉，你们是破土而出的种子。三年来，老师们以父母之心呵护每一个孩子，用满腹经纶教导每一位学生，以全身之力托举每一个梦想。一节节课、一本本书，是老师们带领着你们遨游在知识的海洋，夙兴夜寐、呕心沥血，盼望着每一个人都能成功迈入自己理想中的学校。老师们用三年时间雕琢璞玉、奋力灌溉，现在的你们知识多了、能力强了、本领大了，在向前走的路上一定要记得老师们的谆谆教诲和殷殷嘱托。老师希望你们成才的殷切之心较父母有过之而无不及，人生得一良师，一如暗夜航行的船望到了灯塔。生活中有太多值得怀念的友谊和情感，常怀一颗感恩心，不悔曾做五中人。

同学们，愿有前程可奔赴，亦有岁月可回首！今天你们已经站在了初中生活的末尾，但明天我们又会面对崭新的开始。何惧今日离别，他日荣耀再聚。人生路途漫漫，每一步都应当留下奋斗的痕迹。用书籍去看世界，定能看得更高更远更广。艰难困苦，玉汝于成，三年拼搏时，成败看今朝；用三年付出，筑未来高台。同学们一定要用感恩之心凝奋斗之力才能成梦想之美。

苍穹不负少年梦，岁月不枉赶路人！同学们，你们已经整装待发，即将踏上新的征途。在此，我代表母校，代表母校的全体老师深深地祝福你们：祝愿你们的生命之舟在新的岁月里起航，乘风破浪。祝愿你们的生活永远充满欢乐与阳光！祝愿你们的人生永远写满壮丽和辉煌！母校真诚地盼望着在不久的将来，能听到在座的同学们把成功的喜讯传回母校！最后，祝同学们一路高歌，奋勇前行，考出理想分数，实现自己的梦想！愿你们未来如阳光灿烂，老师会在这里永远为你们祝福！

初中学生叛逆期心理特点及调适

同学们：

大家下午好！

作为初中学生，你们正处在特殊的年龄阶段，也决定了你们的心理变化正处在不稳定阶段，时时会出现如脾气暴躁、行为冲动、学习倦怠等问题，特别是人际关系处理不当等心理叛逆期现象，会给同学们带来许多烦恼。因此，能否促进大家的心理健康，将直接影响到你们的身心是否能全面健康成长。世界卫生组织给人的健康下了一个定义："健康不仅是没有身体的残缺和疾病，还要有完整的生理、心理状态以及社会适应能力。"这无疑表明了，人不仅要重视生理健康，而且要珍视心理健康。

今天，我给大家讲的内容主要是：我们如何处理与同学、朋友、老师、父母之间的人际关系。

所谓人际交往就是人与人之间通过一定方式进行接触，从而在心理上和行为上发生相互影响的过程，在交往的基础上形成的人与人之间的心理关系称为人际关系。在生活和学习中，我们中学生进行人际交往的对象主要是：父母、老师、朋友和同学。

因为我们处在学校这个大的环境中，常常过着群体生活。我们常与一些理想、兴趣、爱好一致的同学相互交往，日久天长逐渐加深情感，进而成为好朋友。所以，对我们来说，友谊在我们的人际交往中占有很大的比重。研究表明，儿童时期情感上最依恋的是父母，朋友则处于相对次要的地位。随着年龄的增长，这种情感依恋便逐步由父母转向了朋友，并日渐得到确定和加强。而且，大多数同学都认为自己结交朋友最多是在中学时期。

心理学家的研究表明，在一个群体中，人际交往的形式可以分这么几种类型：①小团体，指二三个或四五个交往甚密、意气相投的同学，且具有一定的排他性。②人缘型，就是在班级中最受欢迎的人。③嫌弃型，就是班级中最不受欢迎的人。④首领型，是指在一些活动中自然涌现出的能担负领导这些活动的同学。⑤孤独型，就是很少与其他人相互来往的人。⑥互拒型，指同学之间相互怀有敌意或歧视不交往的少数同学。

在这些类型中，人缘型交往是最受大家欢迎的一种类型。在班上有融洽的人际关系，受到大家的重视和赞美，因而具有较高的安全感和自信心。但是也有不少同学对人缘型交往在认识上存在误区，如有人以为人缘就是会拉关系，有的视为哥们儿义气，还有的觉得是讨好卖乖，等等。其实，研究表明，人缘型的学生之所以受同学欢迎，是由于他们有良好的个性品质：尊重他人，关心他人，富有同情心；热心班内的事务，对工作极其负责任；待人真诚，乐于助人；重视自己的独立性，且具有谦逊的品质；有广泛的兴趣和爱好等等。

希望自己有好人缘的同学，应该多加强个人修养，多与班内同学沟通、交流，相互尊重，彼此关爱，多维护班级荣誉等。同时，要注意克服容易出现的封闭、自卑、骄娇之气等交往时出现的心理障碍。

　　同学们，青春期的我们，生理和心理正处于发展的高峰期，我们认识同学，选择交友之时，更要注意和异性同学的交往问题。

　　中学阶段，我们该怎样与异性交往呢？

　　首先，要自然交往。在与异性同学交往的过程中，言语、表情、行为举止要自然流露，不要闪烁其词，也不要过分夸张；既不盲目冲动，也不矫揉造作。消除异性交往中的不自然感是建立正常异性关系的前提。自然原则的最好前提就是像对待同性同学那样对待异性同学，同学之间的关系不要因为异性因素而变得不舒服或者不自然。

　　其次，要适度交往。怎样适度呢？就是：既不为异性交往过早萌发情爱而惊恐不安，又不因回避或拒绝异性而对交往双方造成心灵伤害。建议要做到自然适度，心中无愧，就不必过多顾虑。

　　最后，要真实坦诚，在交往中谈话要注意留有余地。主要是指对异性同学的态度，要像结交同性朋友那样结交真朋友。要注意把握好双方关系的分寸。

　　另外，我还要提醒大家，青春期的青少年有很强的求知欲和好奇心，遇到新奇的事就要探究，别人越强行禁止，自己就越觉得新鲜，更想去揭开"谜底"。这个时期我们的自我控制能力和认识能力还很差，很容易受错误的影响走上违法犯罪的道路。有人在一个工读学校的调查中发现走上歧途的青少年中，因被黄色书刊诱惑犯罪的，占有相当大的比重。所以对不适合我们年龄阶段接触的书籍，要坚决不看。有同学说那我怎么知道哪些能看，哪些不能看呢？你可以向老师、家长、图书管理员、书店的营业员咨询书中有些什么内容，或者在买书或借书时看一下目录、前言、序还有最后的结束语，对书中的内容就可以有一个大致的了解。如果内容很不健康，就坚决不要读它。有人说过，阅读一本不适合自己的书，比不阅读还坏，所以，我们要挑选适合自己的读本，拒绝不良的外界刺激。

在学校里，除了与同学的交往之外，更多的是与老师的交往。中学生不再像小学生那样视老师为至高无上的权威，他们对老师有了新的认识和更高的要求，他们对喜欢什么样的老师也有了更明确的看法。多数同学都有这样的体会：与哪个老师关系比较融洽，就喜欢上哪门课，哪门学科成绩就好；反之亦然，这大概是所谓爱屋及乌的反映吧。那么，对中学生来说，怎么和老师交往呢？

1. 尊重老师，尊重老师的劳动

因为老师几乎把自己所拥有的知识无私地传授给学生，如果他们希望得到什么回报的话，就是希望看到学生的成长、成材、成熟，在知识的高峰上越攀越远。学生要尊敬老师，见到老师应礼貌地打声招呼。上课认真听讲，不破坏纪律，把老师留的作业认真完成。有些同学作业写得马虎、潦草，单是让老师辨认字迹都要费很多工夫，给老师增加了很多额外的工作量。经常这样，老师怎么会高兴，怎么会喜欢你呢？尊重老师，尊重老师的劳动，是师生和谐相处的基本前提。

2. 勤学好问，虚心求教

做学生时，经常说"这个老师不怎么样""那个老师水平太低"……等长大了以后才知道这种看法和想法是多么天真。就像作弊者从来都以为老师发现不了，其实，只要往讲台上一站，谁在下面干什么都一目了然。从老师的年龄、学问、阅历上来说，在某门学科上的水平肯定是高于学生的，所以，要向老师虚心求教。勤学好问不仅直接使自己学习受益，还会加深和老师的交流，无形中就缩短了与老师的距离，每个老师都喜欢肯动脑筋的学生。其实，向老师请教问题往往是师生交往的第一步。除班主任外，任课老师并没有多少时间和学生直接交往，常向老师请教学习上的问题会加深师生彼此的了解和感情。

3. 正确对待老师的过失，委婉地向老师提意见

生活中根本就没有零缺点的人存在。老师不是完美的，如果他有的观点不正确，或误解了某个同学，甚至有的老师"架子"比较大，或是太严厉，这都是有可能的。作为学生发现老师的不足要持理解态度，要选择适当时机，向老师委婉地提出意见。如果老师冤枉了你，当面和老师顶撞起来，这样做好吗？当然不好，不仅不利于问题的解决，还会恶化师生关系，要冷静处理问题。不管怎么说，老师是长者，作为学生，都应置老师于长者的地位，照顾老师的自尊心和面子。

4. 犯了错误要勇于承认，及时改正

有的同学明知道自己错了，受到批评，即使心里已经知道自己不对，嘴上却死不认错，与老师闹得很僵。有的人则相反，受过一次批评后，就特别怕那个老师，担心他对自己有成见。这都是没有必要的。错了就错了，主动向老师承认错误，及时改正，老师一样会喜欢你，老师不会因为哪个学生一次没完成作业，一次违反了纪律，就对学生下定论，说他是坏学生，就对他有成见。相信老师是会比较全面、客观地评价学生的。

与老师关系融洽既可以促进学习，又可以学到很多做人的道理，会使你一生受益无穷。相信你能做到这一点。

初中学生除了与老师的交往关系之外，这个年龄阶段最难处理的是与家长的关系问题，易与父母产生隔阂。不少中学生都觉得与父母难以沟通，有话宁可与朋友讲，也不愿对父母说。在交友方式、生活习惯，乃至着装打扮等方面，都容易与父母产生摩擦，不断加剧与父母间的心理隔阂，即所谓的"代沟"。

究其原因，从子女的角度说，有以下几个方面：①产生强烈的独立意识，认为自己已经长大，反对父母的关爱和照顾。而父母则认为你

是孩子，还处于被保护阶段——他们根本没来得及接受你已经长大的事实；而你每天接受很多新鲜事物与信息，并发表自己的见解，这种突如其来的变化与父母已有的观点必然会碰撞出不和谐的音调来。②进入青春期。随着生理的发育，心理也发生了一些微妙的变化，特别是女孩子。喜欢关上门，自己写日记，听流行歌曲，甚至干脆呆坐闲想，不再在父母怀里撒娇，心理上产生闭锁性，既渴望友谊，又拒绝和父母说心里话。这些变化也会让父母不安。他们密切关注孩子的动向，生怕发生"早恋"，常常悄悄溜进孩子的房间探究一下。③独生子女的不良习性到了青春期变得突出，如任性、自我为中心等。原本是在长辈的呵护中长大，随着独立意识的萌发及增长，甚至连父母正确的批评都不愿听，于是"代沟"就产生了。

为了自己的健康成长，使家庭气氛保持和谐温馨，同学们不妨试一试下面的几点建议。

1. 对父母的态度要温和，不采取偏激的行为方式

进入青年期，你们对父母的崇拜、依恋、顺从减弱了，这可称为"离巢"现象。孩子的骤然长大使父母一下子失落很多，心里也空落落的。所以我们要理解这种心情，对父母态度要温和，即使自己不能接受的观点也不要顶撞、闹气，可以装作虚心聆听的样子，即使不能采用，听一下也没什么不好，至少可以给父母一点安慰。父母对我们的要求并不高，只要我们有礼貌，态度温和他们就知足了。两代人的成长背景决定了代沟永远不可能缩小到零，但是通过我们的努力可以把它的负面影响降到最低。

2. 要表现出一定的独立能力，让父母放心

我们从小衣来伸手，饭来张口，连手帕都不能洗，上学从来都要父母接送，突然间放学后就把自己关在房间里，或经常玩到很晚才回来，

怎么不让父母忧心忡忡？这不是父母不放心，是你的表现没法让他们放心。试着去关心父母，帮他们做做家务，谈谈家庭经济，你的理想，让爸妈觉得"我们的孩子长大了"，他们自然就不会过多地干涉你的行动了。

3. 在保持自己独立性的同时，不要忽略与父母的交流与沟通

不管怎么说，父母也是从我们这个年龄走过来的，以他们几十年的生活经历，看问题要成熟得多。我们在慢慢长大，应该学着独立，但独立和成熟都有个过程，不是突然的。坐下来，跟爸爸、妈妈谈谈你的烦恼、你的理想。相信父母也会很诚恳地与你交谈，从中你可以得到很多有益的启示。不要认为和父母谈心是"没长大"，善于和父母沟通正是你越来越成熟的表现。在交流沟通中，说不定父母也会受到你的影响，开始尝试接受一些年轻人认可的新生事物，那样，岂不是无形中缩小了代沟吗？

同学们，最后老师送大家几句话以共勉。不是烦恼太多，而是我们的心胸不够开阔；不是幸福太少，而是我们还不懂得生活；快乐时唱支歌，忧愁时写首诗；无论什么样的环境中，生命总像一支绽放的花朵。珍惜时光，美化自己的生活吧，希望每一位同学争做健康、乐观、文明的中学生。

心如莲花开，清风自然来

心如莲花开，清风自然来。一直以来，每次读周敦颐的《爱莲说》时，总是很喜欢那句"出淤泥而不染，濯清涟而不妖"，意境深远，令人回味无穷。古人以莲花象征有着清正廉洁高尚品质的人。何谓"清正廉洁"？就是指那些一生做人清清白白、光明磊落的人。

有人说："清如秋菊何妨瘦，廉似梅花不畏寒"。古往今来，无论历史如何变迁，时代怎样发展，廉洁永远是时代的需要，正气永远是人民的期盼。碾去岁月的尘埃，追忆先贤的伟绩，他们的光辉形象铸成了永恒的民族灵魂，他们的雄伟英姿构成了坚贞的中华脊梁。古代，如春秋时宋国执政大臣子罕以"不贪为宝"；三国时吴国广西郁林太守陆绩返乡时用的"压船廉石"；南北朝时，中书通事舍人顾协"棒打贿者"；东汉杨震那"天知，地知，我知，你知，何谓无知"的"深夜拒金"；身居要职的刘温叟的"厚谢婉拒"；明朝于谦入京城时的"两袖清风"；清代直隶巡抚于成龙的"立檄拒礼"等等的故事，无不折射出古代廉吏洁身自好的高尚节操。随着时代的车轮滚滚向前，弹指一挥间，我们已进入一个崭新的时代，在中国共产党带领全国各族人民革命、建设、改革的历史征程中，清廉勤政、亲民爱民是我们战胜艰难险阻、完成历史使命、实现民族发展的一条主线。一代又一代的共产党员始终恪守"全心全意为人民服务"的人生信条，清清白白做人，明明白白当官，他们廉洁奉公的浩然正气，在历史的长河中熠熠生辉。如，党的好干部孔繁森；人民的好书记郑培民；还有焦裕禄、牛玉儒、任长霞、龙清秀等一个个优秀的党员干部，在清正廉洁的道路上前仆后继，他们严于律己的崇高品德影响着一代又一代的后人。

俗话说，"无欲则刚，刚则能强，强则能直，直则能勇，刚强直勇，你就会一身正气；无欲则公，公则能正，正则能廉，廉则能明，公正廉明，你就会两袖清风"。这不仅是时代赋予我们的光荣使命，更是人民对我们的殷切期望。

新时代新要求，要把廉洁作为一面镜子，时刻要提醒着自己，能抵得住诱惑、守得住清贫、耐得住寂寞，两袖清风、一身正气。要把廉洁勤政作为传颂美德的方舟、党员的风范，培育出刚健峻拔、清廉务实的民族品格，塑造出自信、自谦、自律的廉洁精神。

梅花能凌寒怒放，因为它选择了坚强。我们每一个人都会精心铸就一曲华美的乐章，这乐章的主旋律是高贵或低贱，是幸福或痛苦，全在于我们自己的选择。愿我们每一位党员干部都坚定不移地选择"全心全意为人民服务"的宗旨作为主旋律，让生命迸发出可歌可泣的火花，流传千古！这的确是"自律德行留后世，廉洁典范照千秋"啊！

古人云："不积跬步，无以至千里；不积小流，无以成江海。"作为一名基层党员干部，我们要从自身做起，从身边小事做起，以廉洁为作风，以自律为精神，抵得住诱惑，撑得住信念，自警、自省、自爱、自重，用党的纪律约束自己，在平凡的岗位上，谱写出不平凡的华章。

随笔集锦

一

别让别人的一句话将你击倒，走在人生道路上，要担负起你的责任。每个人都有属于自己的世界，而真正能享受自己世界的人却不多。人人都走在自己的世界里，这世界既是真实存在的，又是深埋于每个人的内心的。一部分可以与人分享，一部分却是自己独有的、特有的，即使最亲密的人也无法触及的。逆境使人成熟，绝境使人醒悟。麦穗越成熟越懂得弯腰，人越懂得弯腰才会越成熟。不要把别人对自己的放弃，变成自己对自己的放弃。所谓顺其自然，并非代表我们可以不努力，而是努力之后我们有勇气接受一切的成败。

二

身边的榜样：夜晚，校园里的灯光透过窗帘的缝隙照进屋里，光线从屋顶折射到枕边，我睁着眼睛"享受"这种无眠的煎熬，翻来覆去让自己有点恼怒。干脆鱼跃坐起，打开手机，翻出昨天晚上读到的福建支教教师陈章腾的那篇文章——《师者，园丁》，又慢慢仔细阅读起来，不知不觉间被陈老师那简洁、质朴的文字，真实、典范的照片，以及诚挚、朴实的情感所吸引，同时，从心底油然而生出佩服和感动。陈老师是一个支教者，一个异乡的益友良师，来到马莲中学，克服了南北语言交流的障碍、饮食习惯的差异、生活起居有别等等的困难，自2021年9月以来到现在，为被支教的兄弟学校不辞辛苦，尽心尽力，忘我工作。他给八年级代语文兼写字课，课堂上，结合学生基础薄弱的特点，有针对性地变化教法，及时给学生指导学法，利用课堂、课后服务和午休管理的时机，把自己多年沉淀的知识导图一股脑儿倒给学生。他和我聊天时常说："我们的学生底子薄接受慢，我会深入调研学生的需求，全心全意做好教育服务工作，让孩子们学有所获，技有所提。"陈老师的一言一行，一举一动，对马莲中学各项工作的大力支持，除了让我感动，也给了我和老师们以启发，无论在办公室、在校园、在教室、在课堂、在教学研讨会上，还是他为马莲中学能建设书画功能室而费心费力募捐书画作品……总之，与陈老师相遇，大家都会把敬佩的目光投向陈老师，以感慨的口吻称赞他说："陈老师人品高尚，多才多艺，的确是个做学问的智慧的人。"孔子曰："见贤思齐焉""择善而从之"，对陈老师，我更多地把他当作学习的榜样，特别是他那种"心底无私天地宽"的精神品质，那横溢飘飞的文采，促使我不断地反思，不断地鞭策自己：人啊，需谦虚地蹲下身子，需放宽眼界，需高瞻远瞩，三人行，必有我师焉。至此，当再翻阅陈老师的作品，再体会他对马莲中学的那颗奉献的拳拳之心，便想起著名教育学家陶行知的一句话"捧着一颗心来，不带半根草去"。当今社会，陈老师的精神何尝不是千千万万"俯首甘为孺子牛"的园丁的写照呢？！

三

于漪老师说教育值得珍藏：教育的希望在青年教师身上。良好的习惯能形成良好的素质，良好的素质能造就高尚、完善的人格。因此习惯的培养非常重要。我一辈子做基础教育的教师，教师的生命是在学生身上延续的，教师的价值是在学生身上体现的。我一辈子上下求索，就是为了做一名合格的教师，为了学生能成为龙的脊梁。生命是有限的，但是教育事业是常青的。我们的希望在中青年教师身上，你们手里掌握着国家的未来，同时育人先育己。我一辈子走的是同学生一起成长的路，在教育学生的同时首先教育自己，教育自己成为一个堂堂正正、表里如一、言行一致的有中国心的中国人，成为一个能和学生知心教心的教师。

我说一辈子做教师，一辈子学做老师，绝不是一句空话，我一辈子都在学，不断完善健全自己的人格。我不断地反思，我一辈子上的课，有多少是上在黑板上的，有多少是教到学生心中的。我希望中青年教师人才辈出，创造教书育人新业绩。为了每一个孩子的终身发展，通过我们的艰苦奋斗，把这个理想变成光辉的现实，理想实现之时，就不仅是全国的创新，在世界上也是了不起的创新！

四

美好寄语：孩子们，再过两天，你们就该整装奔赴中考战场了。两天半的考试结束之后，不论结果是喜是悲，你们都要学会承受，因为你已经长大了！未来的日子不管是阳光灿烂还是风雨弥漫，你都要毅然前行！不要忘记那些洒着汗珠闪着光彩的路，那些崎岖不平备尝艰辛的路，那些浸透着汗水和泪水的路，自己走过的路，是自己最贵重的财富。只有记住这些路，才能走好以后的路，加油！

五

一年一毕业，一岁一分别。初中三年的生活，犹如一首歌，聆听歌曲，每一个音符跳动，都是一个与众不同的主角。旋律美妙，如行云流水。祝愿照片中的每一个孩子，莫忘初三生活，在与未来的挑战中，一路向前，莫负时光，超越自我，实现梦想。路虽远，行则将至；事虽难，做则必成。只要有愚公移山的志气、滴水穿石的毅力，脚踏实地，埋头苦干，积跬步以至千里，就一定能够把宏伟目标变为美好现实。加油！加油！不断加油！

六

校园变乐园：春枝敛芬芳，山河绽新绿。不知不觉间，时光飞到了春夏相交的路口。春暮深深，杨柳依依。家乡小城，街巷交通，阳光浅温着岁月，清风漫拂过时光，模范榜样演绎着一个又一个感人的故事，潜移默化影响着我们。如歌的日子，从早春到暮春再到夏来，在生活的忙碌中，别去了一段绚烂的时光，更在人生的奔途中，期盼着风景的变换！呀！不知何时，人们已穿起了轻薄的衣裳，手牵暮春的衣角，笑着迎接浅夏的相逢。这四季来往的途中，如画的风景，有些似三月繁花，点缀一方城阙，有些似嫣夏清风，吹送浮沉岁月，化作来路的斑驳，回温柔美的朝暮，你瞧，轻轻一抹风，悄悄几片云，飘过春秋夏冬，抚过花海芳菲，待次日的阳光洒下，携一束清馨而行，静待几分袅袅婷婷的回味。相遇即是缘，指缝留清甜。唤醒启思想，智慧驻心间！再回首，希望我们的校园，成为孩童的乐园……

七

黄昏校园掠影：逝者如斯夫，不舍昼夜。跨越时光隧道，忙碌间已到5月11号。回头看，深深浅浅的一串串脚印，随着忙碌的身影延伸。片刻偷闲间，沿着中马路，寻找记忆中的美景和馨香，终不辜负心意，瞅瞅看看，现被称为"五中"的校园，只用一个"美"字形容，有点单调。你瞧，食堂和报告厅侧方的花园里，翠绿之色盈满眼睑，最妙的是那淡淡的香味扑鼻而来，闭眼寻香，漫步花园小径，随着香味渐渐浓郁，随意睁开眼，就会被一株株隐藏在绿树荫里的丁香花吸引。那美丽的丁香花开了，紫丁香的花儿有四片淡粉色花瓣，花瓣中间夹有一根淡紫色深管，一股幽香从管里飘出。站到远处，再看丁香花就更美了，粉的和紫的花好像美丽的锦缎。微风吹来，丁香花随风飘荡，好像温柔的少女在翩翩起舞，风声似乎在为它伴奏。夕阳下的校园非常美，带着一种祥和安静，孕育着不屈的生命，焕发着勃勃生机。

八

我喜欢：我喜欢有阳光的日子，因为温暖总是围绕着我。我更喜欢面带笑容做事，和一帮同事说说笑笑干着工作，再大的困难，就都克服掉了，再重的压力，也会释然释怀。所以，无论在任何时候，无论在任何情况下，我们都要保持自己的心情愉悦，让自己有一个非常好的心情。积极乐观地面对生活当中所发生的一切事情，积极乐观地去面对我们所遇到的一些人，即使遇到再难做的事情，我们也要告诉自己笑一笑，所有的烦恼都会过去。笑一笑，没有什么事情解决不了。

九

"匠心凝聚书香，阅读润色教育"主题读书分享活动，在第五中学举办，共同体学校的老师们也高兴地加入了。启迪：教师读书是一种修养："读书是为了让我们拥有选择生活的权利，而不是被迫谋生。""读书的理由，或许就是在书里遇到那些优秀的人。""读书确实是枯燥无味的，但却是成功道路上最简单的一条路。""喜欢读书，是因为可以在里面享受到平静。现实中，遇到的所有痛苦，工作的一地鸡毛……都在读书的时候释怀释然。"有人说，读书，就是使你拥有打破人生边界的底气，积累不断超越自我的资本……读书的好处不是能够说清楚的，只有你自己体会了才知道，所以，读书能遇见更好的自己！

十

诗曰："春风如贵客，一到便繁华。来扫千山雪，归留万国花。"岁月始于春，万物安于心。在季节的更迭中，人间亦多了几分迎春的热闹：五花八门迎新春，五彩缤纷闹新春，五光十色春已到，欢声笑语乐陶陶。元宵佳节伴春至，龙狮相舞送吉祥。民间社火满怀情，衣冠简朴古风存。锣鼓喧天鞭炮鸣，春官举扇瞥议程。方圆万物都可言，喜庆话儿口中传。爆竹轰鸣烟花飞，月圆霄圆人团圆。万象更新一元始，人间烟火诗意浓。

十一

心中的秋色：立秋过后凉风起，满片繁华收眼底。心有千般情结，总有一种不舍，一种爱意。爱秋的美，秋的绚丽。秋美得浪漫、美得清澈，美得不同凡响。你看，城市的道路两旁，树的枝叶青中泛黄，黄里透红，绘出秋的深沉与苍凉。湖畔、河边，树叶飘飘荡荡，或慢慢落于河里，或漂浮在水面，或静躺于小路上，神态悠然，自由徜徉。田间地头、果园、小院里，待收的庄稼和树枝间悬挂的果实，吟唱着收获的旋律。春华秋实，记录了一段美满的过程。我觉得秋的美，不只是景色醉人，果实丰硕，心情愉悦，其实更多的应该是季节的回转，辛勤付出的回报。记忆里的四季，美景不同，让人流连忘返。春种夏长，秋收冬藏，每一季节都有着自己鲜明的特色，而秋季格外让人动情，因为其有着丰实的收获，使人们得以安心度过漫长的寒冬。集春夏之辛劳，得一秋之收获，所谓集大成者，秋天毫不为过。秋的美景、秋的硕果……一切的一切，都绘成秋的气质和风采，秋的内涵和神韵。爱秋，把秋输入脑海，让满眼的充实与欢乐永远沸腾跳跃，永驻心间。

十二

三尺讲台育桃李，一支粉笔写春秋。岁月不居，师恩永存。从小学，初中，高中再到大学，时光荏苒，伴随一期期毕业季的到来，我们迎来一次次的挥手告别。但一路见证我们成长的是老师，他们既是良师也是益友。一年又一年，在迎来送往中，他们依然尽心尽责，教书育人。前行路上他们可能不会常相伴左右进行指导，但师情永驻心中。我们永远不能忘记的是老师曾在我们身处黑暗时，为我们指引方向，照亮前方的路途！在第39个教师节来临之际，祝所有教师节日快乐！

十三

养花如育人：不经意间，瞥见办公室里的两盆不起眼的花，竟然挂上了花骨朵，在我欣喜之余，忙忙碌碌中，不知不觉间，花苞逐渐含笑绽放了。她们不择环境，不选载体，软软的花体上，悬着一株或几株让人心颤的红绿相间花蕾，那时，只要是第一眼看见的观花者，都是"呀"地叫了一声，惊诧于不入眼的母体的顽强孕育力！站在花前，也许，有着同一的心理，反正我是由衷地赞叹了一番，想续写故事的思绪飘忽不定。花的前序，是为点缀空旷的办公室，好心的同事，不遗余力从自家搬过来，说是赠予，让我在无聊之际，有点事做，养养心情。当时，看着嫩芽碧绿，聚于花盆中央矮小的花簇，着实激情澎湃了一番，还请学生从家中带了一大包碾碎的羊粪，小心翼翼给花儿施肥，由于没有把握好比例，过分"溺爱"竟然使叶翠枝嫩的花儿，变得叶黄骨疏，花容失色。这一下不打紧，心疼不知所措，记忆中每天进了办公室，只是大量浇水，一遍一遍一片一片摘黄叶，工作中的主次也颠倒了，盆花成了心事。花絮翻镜：渐渐地"移情别恋"，心专注于救花，怕辜负同事的心意，功夫不负有心人，清水润心蕊，蜕叶换新颜，被羊粪烧伤的花缓过一口气了，我也愉悦起来，从刚进马莲中学时的郁闷中逐渐走向开朗。

数年来，我觉得养花和育人一样，一个好的养花人，首先要有规划，把好方向，凡事不能操之过急，要结合万物特性，因物而异，精准施肥，合理浇水，适当进行光合作用，才能获得满室旖旎的春光。育人何不是如此呢？人是活物，有生命能思考，如若不掌握个性，因人而异，精准施策，揠苗助长，就不会挖掘其潜力，发挥其优势，谋事不利，成事不足，何谈发展？思何广阔前景？只是置若惘然也！"一语惊醒梦中人"：养花能够修炼心性，培养耐心与恒心；在养花过程中体会人间风雨、病难灾害，感知自然界万物生长的规律。花的一生与人生极为相似，从萌芽到花开，再到花败，直至枯萎，花开不悔；人的一生，会经历风雨、磨难，但凭着自强不息的精神存活在这个世界上，创造自己的价值，这也是养花能够悟出的道理。

十四

散步观景：晚饭后，约三五好友出外散步。沿着街面信步往前，"物华地灵的马莲川"风貌，呈现眼前。远处的山，望去被片片点点的绿色覆盖，高的是树，低的是草，苍翠欲滴，其间，夹杂着青色和黄土色，给山们增添了无限生机，似乎有种"晴川历历汉阳树，芳草萋萋鹦鹉洲"的感觉。眼眸移动处，被农家院外的菜地所吸引，小葱、蒜苗、洋芋……虽没有菜畦，但也整齐地陈列着。瞅着那一蓬蓬用手掌围不住的洋芋藤蔓，朋友笑着说："看今年能吃到真正的马莲洋芋吗？！不过，马莲洋芋的味道名不虚传，确实是西吉的金豆豆。"闭了眼，那芬芳的洋芋味似乎就在鼻尖弥漫。和朋友说着，笑着，走着，不觉间大家驻足于路边的玉米地旁，抬眼远望，玉米地一直延伸至山脚下，一块块连接起来，仿佛是一块绿色的毯子，一棵棵玉米，在晚风吹拂下，扭着小小的腰肢，轻歌曼舞，好像在给路人跳舞，夕阳的余晖斜洒在玉米上，泛着金色的光晕，可谓"好看落日斜衔处，一片春岚映半环"。要说我到马莲近四年，今天才第一次闲游这片"广川"，那种从骨子里透着的一种静美，让人流连忘返，我内心油然记起何老师写的《马莲赋》：其中的"歌之赋之……咏之唱之……"使我仰之弥坚……

十五

感悟人生：人生要适可而止，生活要量力而行。不要盲目和别人攀比，活在当下自己的角色中，才能活出自己的精彩。无节制的攀比和不自量的要求，只会让自己身心疲惫。人生的许多痛苦，都是因为自己想要活成"别人那样"，而不是活成"自己这样"。不要总是仰望别人，你有你的精彩，你有你的幸福。生命有限，所有得到，最终会失去。人生如画，有了微笑的画卷便添了亮丽的色彩。人生如歌，有了微笑的歌声便多了动人的旋律。人生如书，有了微笑的书籍便有了闪光的主题。微笑地去面对人生，就将会有微笑的回报。

十六

感悟人生：有时一段文字，总让自己感动一瞬间，有时很平淡的几句话，就戳痛人的心肺，有时……有时……很多次有时……人就是如此，对自己最好的人明明就在身边，但是，却不好好珍惜，去追寻一些不属于自己的东西，等到失去了，才感觉心里空荡荡了，包裹着心的那层温暖消失了，才知道后悔了。不管过去与未来，眼前的人才是最重要的，要好好地把握眼前的人，莫要失去才后悔。人就是这样，一样的眼睛，不一样的看法，一样的耳朵，不一样的听法，一样的嘴巴，不一样的说法，一样的心，不一样的想法，一样的钱，不一样的花法，一样的书，不一样的读法，一样的人，不一样的活法，看开，想开，看透，看破，每天活出不一样的精彩！

十七

感动的时日：一瞬间的感动总能温暖人的心灵。也许是人之常情，也许是心智不成熟，也许是年龄已步入知命，也许是女人大多属于性情中人……无论哪一样，如今的我，如若有幸遇见一点点让人感动的瞬间，内心总被温暖塞满，膨胀到泪眼婆娑，甚至流泪。2022年5月30日那天，被马莲中心小学马校长邀请，有幸参加了八代沟小学乡村学校温馨校园创建暨欢度"六一儿童节"活动，当时，我被现场的气氛所感染，校园上空萦绕着欢快而有节奏的乐曲，身着节日盛装的孩子们，在老师和家长的陪伴下，为欢度自己的节日或忙忙碌碌做着准备，或静静等待着仪式的开始。面对那一张张童稚纯真的笑脸，置身其中，仿佛自己也穿越了，特别是少先队员们给台上的来宾戴红领巾的环节，我觉得那一刻自己猛然年轻了二三十岁，俨然融入儿童的行列中，胸前飘扬着鲜艳的红领巾，着实让我心潮澎湃了一番，温暖装满了心田。那一刻的幸福无以言表，泪水模糊双眼只因为那一瞬间的感动和自然的回归。有时候，人生一个华丽的转身，就能看到最美的风景。今天的"六一儿童节"，无论是微信圈里刷屏的照片、视频，还是现实版的舞蹈、歌曲等等，都已成为记忆中最美的风景。尤其让我的记忆永远定格的是6月1日这天，七二班苏海婷送我的那个手折的粉色小"心"。当这颗手折的小"心"，从小女孩冰凉的手指间递到我的手心里时，我的心不淡定了，我感动得一塌糊涂。这是一个热情奔放的小女孩，从她只言片语的说话中，从她在小"心"上书写的"开心、幸福、健康、快乐"几个看似简单的词语里，从她略带羞涩的表情里，我感受到了小海婷的一颗善心，一片真挚的情意，及满腔的热忱。我望着她离开时的背影，心中不断提醒自己：要做一名孩子心目中的好教师，在工作实践中，我们就要留心于孩子的世界，用爱承载教育并履行责任，去为孩子撑起一块没有委屈的天空，这样，孩子才能亲其师，信其道呀！

十八

马莲乡村之"变"：2022年7月2日，因工作需要，在马莲乡班子成员带领下，区、市、县、乡四级人大代表进行了视察工作。从东洼村—张堡塬村—北山村—罗曼沟村—马莲村—巴都沟村—陆家沟—堡子山村，伴随着绵绵细雨一路走来，从脱贫攻坚之举到整村推进环境整治，再到"月百户"之变的开展，从大豆复合种植到早熟马铃薯种植再到辣椒、豆角、拱棚木耳的蔬菜种植，加之牛羊的养殖等等，特别是优质马铃薯种植，种类杂，品种多，花色繁，凡此种种，令人目不暇接。行至每一处，聆听各位村支书的讲解，各位乡领导的点评，我的内心由衷地感慨：近四年来，第一次零距离接触乡村土地，在乡村振兴大背景下，马莲乡的的确确在变化着，达到了"一村一世界，一点一特色"的美好效果。瞧，张堡塬村那花园式小广场，借用张书记的话说，"三年不落伍，五年仍可赞"；巴都沟村露天薄膜辣椒、豆角蔬菜种植和陆家沟村的拱棚木耳种植，既为乡村平添一道亮丽风景线，也从当前长势而言，给人一种未来可期之态。村民在拱棚地头精神愉悦地即兴跳起欢闹的"辣椒舞"，让代表们心旷神怡，响起一片"啧啧"的赞叹声。在无穷回味中坐上大巴前行，还没完，隔窗远望，在漫天雨幕笼罩中，一条17公里的绿色甬道映入眼帘，树木高高低低，有柳树、杨树、松树等，排列错落有致，绿得逼人的眼，树儿在夏风吹拂下，不断向我们招手致意。在道路一端，大巴车停下，代表们下车后，乡人大主席郭春强召集大家聚拢站定，马明云副书记告诉我们，这17公里长的树苗栽种成活，浸透着乡班子成员和乡民民们的汗水和心血，他讲述了乡民们担水浇树的情景，使我们唏嘘不已，感慨万千。同时，我作为一名乡人大代表荣幸地发了言。我的发言中，寓含了我对马莲乡村整体变化的感叹，有对乡政府领导班子不辞辛劳的感谢和敬佩，他们为了乡村的环境之变、百姓生活之变，绞尽脑汁，想尽办法，出手了也出彩了。今天各位代表的所见所闻，是他们为乡村振兴出力的见证。视察意犹未尽，返回途中，我思绪飘飞，心中默默祝愿：愿"物华人杰"的马莲川前景更广阔，愿人民生活更幸福，愿乡村面貌不断前进的步伐能更好地带动马莲教育的大力发展，使乡民在生活富裕的基础上能支持推动教育向前进！愿后辈们能认识到父辈的辛苦，不是让他们"躺平"享受生活，而是要学好知识，更好地为家乡巨变做出应有的贡献！

十九

生活启示：读书享受乐趣。书籍，是知识的海洋，无穷无尽；书籍，是童话的乐园，犹如仙境一般……书是人类进步的阶梯，书是人类精神的食粮，书是开启知识大门的金钥匙。书籍，赐予我睿智，教会我善良，诚我为真诚，赋予我美感。它芬芳了我的生活，缤纷了我的心灵，丰富了我的想象。的确，书的价值很高。没有任何一条成功的道路是平坦的，要想成功必须朝着正确的道路不懈地奋斗。没有过不去的事情，只有过不去的心情。把心情变一变，世界就完全不一样。郁闷的时候，坐下来犒劳犒劳自己，原谅别人，也放过自己。心宽一寸，路宽一丈；生活是季节，不论春夏秋冬，只要适合的心情，就是最好的生活，是实实在在的一种生存。不甘寂寞也好，甘于寂寞也罢，只要适合自己，就是幸福。与其羡慕他人智慧，不如自己勤奋补拙；与其羡慕他人优秀，不如自己奋斗不止；与其羡慕他人坚强，不如自己百炼成钢；与其羡慕他人成功，不如自己多读书，而后厚积薄发，走向绚丽的曙光。

二十

夜景随想曲：对于久处乡村的人，有时看到县城的美景，也会漠视不惊；对于久居方圆千米之地的人，有时身临大千世界，也觉平淡无奇。常常是心无旁骛，眼角带过的碎片景象，闪过车窗瞬间化为乌有，取而代之的是琐碎事务，演变成"5D"荧幕的画面，悬于脑海之中，时时使人凝神静思，未雨绸缪……岁月不居，暑期静至。不经意间已是八月，将近入秋，这两天顿觉凉风习习，拂面而来，从心里辐射出些许的舒服感。今夜吃过晚饭，和女儿相依，沿着滨河路漫步前行，映入眼帘的点点夜景，颠覆了我以前自认为的"漠视不惊"，进而畅想颇多。"一草一花木，一景一思绪。"稍稍举首，眼前亮晶晶的彩灯，状若盘丝，五光十色，耳边人声嘈杂，三五个一起，且保持些许距离，相互围坐，边乘凉边吃着小吃，边拉家常边赏着夜景，那种温馨和谐的场面，让人禁不住滋生驻足探听"花私语"的冲动。忽然衣襟被牵动，女儿的声音响起，"妈妈，走啊"，我挽着她的胳膊，随着脚步的移动，眼光滑向远方的桥头、楼层，霓虹灯下，彩色流苏变幻莫测，有规律地闪耀着光芒，给楼层、道路似乎披上了色彩斑斓的外衣，使其颜值爆美，靓丽温柔。远处的山近处的树，在黑暗中眨着深色的眸子，静静欣赏着身边的美丽。她们相映成趣，点缀绘画出县城美轮美奂的夜景。身卧福地是每个人的愿望，随着脱贫攻坚的胜利步伐，西吉人民把自己的家乡逐步建设成了"西部福地，吉祥如意"的家园，如今的西吉县多姿多彩的变化，让人陶醉，心中的热爱溢于言表。家乡是我停泊的港湾，幸福的源泉，温暖的依靠，心灵的乐园。是家乡每一个人安放灵魂和精神的福地，是远方游子牵在嘴边，挂在心中的月圆。祝愿美丽的西吉，在时代的号角声中，努力绘就乡村振兴壮美画卷，朝着共同富裕的目标稳步前行！

二十一

培训感言：挥手说"再见"：2022年8月29日，我带着一份不快两份无奈和着三份期待，与全区139位同仁，赴华中师范大学参加为期20天的"国培"。攀上桂子山，走进华师大，映入眼帘的是绿树浓荫，古木参天。偌大的校园，各种树木依山傍势，抻腰伸脖努力向上生长，有名字的无名字的，让我们大西北的来者，唏嘘不已。其中认识最多的是梧桐树，它的树皮会蜕变，由白变成黄黑蜕化掉，然后又新生出白白光光的树皮，它们挺直胸膛，像士兵一样守护着美丽的校园。瞧！那树叶挨挨挤挤，重重叠叠，像一个个小手掌，仿佛能托起那万里无云的天空。当我们从树底下走过时，梧桐叶挥起它的小手掌似乎在为我们赶走炎热。除此之外，院内还有好多杂样的树，有开花的，如盛开着色彩缤纷的花儿的丁香树，香气芬芳四溢，引人注目。还有没开花的，如一簇簇扇形的竹子，掩映在树林中，在秋风吹拂下，好像在向行人挥手致意。最让人感觉惬意的是那片梅园，梅树株高为4—10米之间，树皮为浅灰色中泛着绿色，小枝光滑，叶片呈椭圆形，绿色的叶片边缘带着小锐锯齿，叶脉间长着短柔毛，上面有腺体。站在梅林边，闭了眼仿佛红色的梅花翘立枝头，傲然开放，展示出一种坚韧不拔，撩拨着我的心弦。走在华师大院内随意放眼望去，柏油马路纵横交错，树木郁郁葱葱，无论从哪条路经过，无论站在哪个点上，眼前都呈现出一幅完美的画面，真可谓"花园式"校园的典型代表。华师大不仅景美，人更美。生活在华师大20天，会让你时时处处有种校园如家的感觉。从桂苑宾馆的服务人员服务态度看，从华师大的学子生活细节看，再从培训学习班的各位班主任、教授待人接物来看，无不彰显人文之美、师者情怀，那种热情、真诚、博学、睿智，有担当、负责任的精神风貌，给我们留下了深刻的印象。用学员们的故事就可以证明这一切。如，开课第一天，下午去教育综合楼上课，我们几个学员迷路了，虽然开着手机导航，却是越走越迷，心里那个慌呀，班主任一直站在路口等我们，直到我们到达地点，他数着人数，生怕漏掉一个人。再如，每天做核酸检测，班主任都要多次强调，都要做核酸，不能漏掉一人，直到收齐截图才罢休。千载难逢的"双节"到来之际，华师大给每个学员送来了月饼和水果，并组织了联谊会，给了我们佳节居外的一份温馨。另外，还有像桂苑宾馆服务态度的谦逊、周到，师大学子们的礼貌与友好等等，一切点点滴滴的事情，都使我们没齿难忘。岁月不居，时节如流，20天说长也不长，今天已是9月18日，大家整装待发，我思绪万千，回头再看，带走的是知识，留下的是脚印；记住的是友情，留下的是身影。至此，向华师大的老师们、学子们及各位新相识的学友们，挥手说"再见"，难抒心中情，我就用浅淡的文字，略表留恋之心意，内心更希望后会有期！有缘再相逢！

二十二

学习优语：人生好像一场马拉松，一时跑得快的人未必能第一个到达终点，一旦停止不动，就会有无数人从你身边一跃而过。只有坚持不懈跑好每一段路程的人，才能保持前行的速度，最终顺利到达理想的终点。

立足常规，让教研流芳溢彩；思维相异，使教师教学相长。三尺讲台育桃李，一根粉笔写春秋。教育有了守望，有了期待，教育的存在才更有意义，生活的价值便更真切。教育就像养花一样，要细心、耐心静待花开，我们心灵的诗意和远方才会如约而至。教育就像烙饼一样，反反复复，才能熟练，才能得心应手。

二十三

走访西吉县马莲东洼小学：沿着大道，驰车而行。载着憧憬，怀着期待，绕行七八公里，遂至东洼小学。周边家户环绕，颇有人气。伫立栅栏门前，被雨水冲刷的痕迹了然，几根稀疏的荒草，我自然弯腰抓起想拔掉，竟纹丝不动，反而手指隐隐作痛，引同事嘲笑。笑声萦空，抬眼环顾四周，前方（东向）旗杆耸立，旗台破损，忽生惋惜，想他日旗台必修，旗帜飘扬，才有生机。再凝眉眺望，眼前之景之境，比较豁亮。推门而入，方庭小院，尽收眼底。踱步院内，树木林立，西南角，古杨参天，虽叶落而枝密，若有阳光映照，想必落影斑驳陆离，别有一番风情。西北角，与之对应是高大垂柳，柳叶浅绿，绿中有黄，仍恋柔条，同随风摇曳，似挥手致意间融万般蜜意。倏然，也有小叶翻着筋斗，飘然飞下，围着树脚，铺上一块黄绿色的地毯。看，庭院北面、东面，那苍翠松柏，枝枝向上，宝塔形聚力而生，给小院平添了一线活力。转身拾级而上，屋舍俨然，凭窗望去，白色地板上浮尘欲盖，表明了确是人去屋空之时日久。西边一屋，锅台炉灶，仿佛炉火依旧通红，锅里开水沸腾，灶里云雾弥漫……同行数人，看着、说着、笑着、想着、规划着，引来了村里几位村民，经介绍，原来，是曾经学校的看护者和村组组长，他们述说着对学校的热爱，和一直以来的守护之心之行，让我感动，内心滋生浓浓的谢意。如此小院，朴实无华，却也淡雅，萋萋芳草，郁郁绿树，尽显昔日美丽容颜。夜色渐渐下沉，笼罩四野，同伴们招呼着，准备回去了。再回首驻足，这一方校园，那固有的精神气质，像星星照亮了大家的心灵，初展魅力，令人留恋，以后，相信未来定会流芳溢彩，再次焕发生机……

二十四

　　早安朋友：愿诸君安康，事事如意，笑口常开，好运连连。让我们共同举杯，为新的一年干杯。在这辞旧迎新的时刻，心中充满了无限的感慨、感恩与感谢。感谢过去一年里遇到的每一个人、经历的每一件事，是你们让我更加坚强起来。新的一年即将到来，愿我们都能放下过去的包袱，轻装上阵，迎接更加美好的未来！时光，可以沧桑了容颜，唯不变的，是对生命的感恩，和对美好生活的向往，比如美好的风景，遇到了便忘我地投入一把，快乐着去触摸一次生命的真切，感受幸福的渊源，使人流连忘返。匆匆而来的十二月风吹雪落，忙忙走过的四季里，有奔波，也有蹉跎，曾远看山海，静待夕阳，但愿明天的途中，朝暮有闲，静待阳光有暖，岁月悠长。在2024年里，愿诸君安康，福星高照，事事如意，笑口常开，好运连连。让我们共同举杯，为新的一年干杯。振作精神，努力奋斗，做一个乐观的、生活的有心人，不仅能让自己的生活充满阳光，也会给身边的人带去好心情。努力过好每一天，记录每一个幸福的小瞬间，乐于寻找平凡生活中的乐趣，柴米油盐、锅碗瓢盆之间，也能开出美丽的花。

二十五

教育微语：什么叫"目中有人"的教育？首先，就要把教育对象看成人。所谓把教育对象看成人，首先是要把学生看成有思想、有感情、有个性、活生生的人。因为他们是人，教育者就要在人格上平等对待他们；因为他们是人，教育就必须关注其心理需求，尊重他们；因为他们是人，就要允许他们有不同的个性，保护他们的个性。其次，要注意的是他们虽然是人，但他们其实又是需要接受教育的未成年人。因为他们是需要接受教育的未成年人，所以要允许他们犯错误，绝不能用成年人甚至是用超成年人的标准要求他们。"目中有人"的第二层含义是教育的目的是让受教育者成为真正意义上的"人"，而不是其他。这里的"人"不只是有知识，更要有健全的人格、良好的道德、卓越的能力、健康的体格。要培养这样的人，就需要选择与这个目标相一致的教育内容和教育方式，而不是相反。

二十六

夜思心语：冻冰化融润大地，春暖花开又一季。在2020年这一场突如其来的疫情面前，我们耳闻目睹了许许多多的"抗疫英雄"事迹，时时刻刻给我以鼓舞，让我感动。忆往昔，革命英雄抛头颅洒热血，缔造崭新中国；看今朝，抗疫模范献生命付青春，迎来安逸环境。我作为一名党员，一名普通教育工作者，一名基层党支部书记，我想说：在工作实践中，我要以英雄模范人物为榜样，学事迹见行为，以他们的精神为动力，守土有责，守土尽责，任何时候任何情况下，要以党员的标准要求自己，靠前指挥，示范引领，做到知行合一。治校办学贵在行动，一分部署、九分落实，理念再好，如果说在嘴里，挂在墙上，那只能是营造氛围。关键要能迈小步不停步不走弯路回头路，蹄疾步稳，久久为功，把效果体现在师生成长变化上。十年树木百年树人。办学校、当校长、做老师，就要有前人栽树、后人乘凉的胸怀和境界，以功成不必在我潜心育人，要善用起点上的"终点思考"方式，达到"五育并举"的效果，以办好教育的良心、情怀和使命，为学生的终生幸福和发展奠基。要面向大海，静待花开。